KB268135

나답게 사는 세상

나답게 사는 세상

김동연의 경기도 비전

제1판 1쇄 발행 2026년 2월 27일

저자   김동연
펴낸이   김덕문
편집   손미정
교정   김정성
디자인   놈normmm
영업   이종률
제작   정우미디어

펴낸곳   더봄
등록일   2015년 4월 20일
주소   서울시 마포구어울마당로 130 기린빌딩 3105호
대표전화   02-975-8007 ‖ **팩스** 02-975-8006
전자우편   thebom21@naver.com
블로그   blog.naver.com/thebom21

ⓒ김동연, 2026
ISBN 979-11-92386-53-9 03340

나답게 사는 세상

달려온 4년, 달려갈 4년
김동연의 경기도 비전

김동연 지음

더봄

정치를 시작한 지 5년이 되었다. 그 시간은 나를 단단하게 만들었고, 동시에 정치인이 얼마나 무거운 책임을 져야 하는지를 매일 확인하게 했다.

나는 지금도 아침마다 스스로에게 같은 질문을 던진다.

나는 초심을 잃지 않고 있는가.
나의 선택은 도민의 삶을 실제로 움직이고 있는가.

오랫동안 나는 '일을 잘하는 것'이 정치의 가장 중요한 덕목이라고 여겨 왔다. 오랫동안 행정가로 살아오며 문제를 분석하고 성과로 증명하는 데 익숙했다. 그것이 공공의 책임을 다하는 길이라고 굳게 믿었다. 그러나 정치의 현장은 그 이상을 요구했다.

정치는 옳은 판단만으로 완성되지 않는다. 사람의 삶을 움직이는 것은 결국 '공감'이다.

더불어민주당 후보로 출마해 경기도지사에 당선된 뒤에도 나는 부족했다. 민주당의 가치를 확신하고 성과를 자신하는 마음은 때로 나 스스로를 자만하게 만들었다. 그 과정에서 당원들의 오랜 헌신과 기대, 그리고 현장의 목소리를 충분히 살피지 못했다.

이제는 분명히 안다. 내가 이 자리에 설 수 있었던 이유는 나 개인의 능력이 아니라 묵묵히 자리를 지켜온 수많은 사람의 시간 덕분이었다는 사실을.

지난 대선 경선 과정은 나에게 뼈아픈 성찰의 시간으로 남았다. 낮은 지지율은 단순한 결과가 아니었다. 그것은 나의 언어와 태도가 민주당의 정서는 물론이고 사람들의 마음과도 충분히 만나지 못했다는 분명한 신호였다. 전국을 돌며 들은 격려와 질책 앞에서 더 이상 변명은 의미가 없었다. 진심의 정치를 나는 그때 다시 배웠다.

이제 나의 정치는 새로운 국면에 들어섰다. 국민주권정부의 출범은 경기도에 새로운 기회를 열고 있다. 혼자 싸우던 시간이 지나고, 같은 방향을 바라보며 함께 책임져야 할 시대가 시작되었다. 민선 8기 동안 경기도 곳곳에 뿌려놓은 정책의 씨앗들은 이제 삶의 변화로 완성되어야 한다.

경기도에서 싹 틔운 변화를 끝까지 책임진다는 각오를 다지며 이 책을 쓴다. 중앙정부가 국정의 방향을 제시한다면, 경기도는 그것을 현장의 성과로 증명해야 한다. 대한민국에서 가장 큰 광역지방정부의 책임자로서 나는 이재명 정부의 성공을 일상의 변화로 뒷받침하고자 한다.

지난 몇 달 동안 '달달버스'달려간 곳마다 달라지는 버스를 타고 경기도 31개 시·군의 민생현장을 찾았다. 현장에서 확인한 경기도는 여전히 사람과 산업, 미래로 나아갈 에너지를 품고 있었다. 그렇지만 그 잠재력을 곧장 삶의 변화로 이어가기에는 사회가 개인에게 요구하는 조건과 부담이 무거웠다.

경쟁과 비교는 어느새 일상이 되었고, 정해진 기준과 속도에서 벗어난 선택은 쉽게 불안으로 되돌아온다. 그 결과 많은 사람이 자신의 조건과 상황에 맞는 삶을 선택하기보다 사회가 요구하는 기준에 스스로를 맞추는 데 몰두하고 있다. 이는 개인의 의지나 능력의 문제를 떠나, 다양한 삶의 선택을 충분히 지지하지 못하는 사회 구조가 만들어낸 불안 탓이다.

달려간 곳마다
달라집니다
민생경제

우리는 그동안 '성장'을 지속하며 기회를 넓혀 왔고, '돌봄'으로 삶의 위험을 완화해 왔다. 성장은 사회의 가능성을 확장하는 힘이었고, 돌봄은 그 과정에서 발생하는 불안을 덜어내는 안전망이었다.

이제는 성장과 돌봄의 성과가 단순한 지표의 개선에 머물러서는 안 된다. 그것이 국민 개개인마다 자기 삶을 선택할 수 있는 실질적 힘으로 이어지도록 정책 방향을 한 단계 확장하는 일이 중요하다.

그 방향이 바로 '나답게 사는 세상'이다.

각자가 선택한 삶이 차별 없이 존중받고, 불안 때문에 좌절을 겪지 않도록 사회가 함께 책임지는 구조를 만들어야 한다. 경쟁과 불안을 개인에게 떠넘기지 않고, 기본적인 삶의 토대를 안정시키며, 노력과 선택이 실제 기회로 이어지게 하는 사회. 그것이 '나답게 사는 세상'이다.

이 비전은 갑작스러운 정치적 선언과는 차원을 달리한다. 고故 노무현 대통령의 '사람 사는 세상', 문재인 대통령의 '사람이 먼저다', 이재명 대통령의 '기본사회'로 이어진 흐름 속에서 그 가치를 삶의 조건으로 구체화하려는 시대적 응답이다. 지금은 그 가치를 제도와 정책으로 완성해야 할 시간이다.

나는 경기도의 정책과 행정으로 그 비전을 가장 먼저 증명해야 하는
책임을 맡고 있다. 선언이 아니라 정책으로, 구호가 아니라 도민의
일상으로.

정책은 숫자로 평가받지만, 정치는 사람의 마음에 남는다. 나는 이
제 정치를 목표만을 앞세워 추진하는 일로 생각하지 않는다. 목표에
이르는 과정에서 사람들이 스스로 존중받고 있다고 느끼는 것이 결
과만큼이나 중요하다는 사실을 직접 확인했다.

나는 앞으로 성과를 만들어가는 과정에서도 더 많은 사람이 함께할
수 있는 정치를 실천하려고 한다. 이는 정치인이자 경기도를 책임지
는 도지사로서 하는 약속이다.

성찰과 약속을 담은 이 책은 나 자신의 부족함을 인정한 자리에서
다시 출발하는 기록이라고 할 수 있다. 새로운 비전을 향한 이정표
를 확인하는 길이기를 바란다. 민주당원과 경기도민, 미래 세대를
아우르며 모두가 '나답게 사는 세상'에서 행복할 수 있도록 나는 거
듭 겸허한 마음으로 뚜벅뚜벅 나아가고자 한다.

2026년 봄을 맞으며

김동연

목차

Part 2.
달려갈 4년

Part 1

달려온
4년

지난 4년은 위기 속에서 기회를 만들고, 도민의 삶을 실제로 바꿔낸 시간이었다. 대한민국이 흔들리던 시기에도 경기도는 멈추지 않았다. 윤석열 정권의 퇴행이 민생의 후퇴로 이어지지 않도록 끝까지 버티며 책임을 다했다. 국가가 물러선 자리에서 경기도는 물러서지 않았고, 무너질 수 있었던 삶의 기반을 붙들었다.

위기 속에서도 선택을 미루지 않았던 지난 4년은, 새롭게 출범한 국민주권정부와 함께 대한민국이 다시 정주행할 수 있는 현실적 토대가 되었다. 이제 변화는 검증의 단계를 지나 확장의 국면에 들어섰다. 버텨낸 시간이자 삶을 바꿔낸 시간이었던 지난 4년을 넘어, 앞으로의 4년은 그 변화를 도민 모두의 일상으로 완성하는 시간이 될 것이다. 경기도는 이제 저항의 끝이 아니라 변화가 증명된 출발점에 서 있다.

민선 7기에서
국민주권정부까지

윤석열 정권은 반민생·반민주·반평화·반환경의 역주행으로 국민의 삶을 위협했다. 재정 건전성을 명분으로 서민 지원을 외면하고 부자 감세를 선택한 결과 재정 불안과 정책 공백은 누적되었고, 국정 신뢰감은 흔들렸다. 경제와 사회는 점점 각자도생의 불안 속으로 밀려났다.

헌정 질서를 위협한 '12.3 내란'은 대한민국 민주주의가 연속적인 중대 위기에 놓였음을 보여준 순간이었다. 12월 3일 내란의 밤, 경기도는 도청폐쇄 명령을 단호히 거부했다. 국회의 비상계엄 해제 요구결의안이 통과되기 전, 긴급간부회의를 소집하고 비상계엄이 '불법 쿠데타'임을 분명히 선언했다.

국회의 계엄 해제 이후에도 남아 있던 내란 세력에게 경기도는 행동으로 대응했다. 퇴근 후 집회 현장에서 시민과 더불어 1인 시위에 나섰고, 민주주의를 지키는 싸움의 현장에 끝까지 함께했다. 이는 정치적 구호를 내세우기보다 도민의 일상과 민주주의를 지키고자 선택한 책임의 방식이었다.

그 책임은 길 위의 행동으로만 머물지 않았다. 수도권 유일의 야당 광역

단체로서 경기도는 정치적 판단을 정책과 행정으로 이어가야 했다. 확장 재정과 적극 행정으로 경제와 민생의 후퇴를 막았고, 지역화폐와 사회안 전망을 지켜냈다. 중앙정부가 RE100재생에너지 100%을 포기한 사이, 경기 도는 미래산업과 기후경제의 방향을 붙들었다. 투자와 산업 전략으로 경 제를 지탱하고, 교통·돌봄·안전·청년 정책으로 도민의 일상에 변화를 만 들어냈다. 윤석열 정권의 역주행 국면 속에서도 경기도는 민선 7기 도정 의 가치와 성과를 지탱해냈고, 이를 계승해서 더 넓게 발전시키는 길을 선택했다.

민선 7기 '새로운 경기, 공정한 세상'이 촛불 이후 국민이 요구한 공정의 가치를 행정으로 구현한 철학이었다면, 민선 8기는 '변화의 중심, 기회 의 경기'로 이어받아 혁신과 기회가 삶의 현장에서 작동하도록 확장해 왔다. 그 결과, '기본'을 지켜온 정책은 도민의 삶에서 실제로 체감되는 '기회'의 변화로 이어졌다.

모든 정책의 궁극적인 목표는 도민의 삶을 더 낫게 만드는 데 있다. 민선 8기 경기도는 민선 7기 정책을 잇고 키우려는 노력을 기울였다. 정책은 도민의 삶을 위해 축적되어야 할 공공의 자산이다. 한번 만들어진 정책이 정치적 이해에 따라 지워지고 흔들린다면 그 피해는 결국 도민에게 돌아간다.

민선 8기 도정이 출범하던 시기, 이 원칙은 거센 시험대에 올랐다. 중앙 정부의 국정 운영은 경제와 기후, 민주주의의 기본 가치에서 잇따라 후퇴하고 있었고, 정책은 성과보다 진영 논리에 따라 평가되기 시작했다. 정치적·상징적으로 경기도는 그 한가운데에 서 있었다.

더불어민주당의 본진이자 개혁 정책의 실험이 가장 앞서 진행된 지역. 경기도는 수도권에서 유일한 민주당 소속 광역자치단체였다. 그만큼 압박은 노골적이었다. 도정 전반에 걸친 반복적인 압수수색과 행정적 제동, 지역경제를 떠받쳐온 지역화폐 예산의 전액 삭감, 서울-양평 고속도로 노선 변경으로 상징되는 상식 밖의 국책사업 추진에 이르기까지 중앙정부의 결정이 도민의 삶을 흔드는 장면을 수차례 마주해야 했다.

이 시기 경기도의 선택은 분명했다. 지킬 것은 지키고, 이을 것은 흔들림 없이 이어가겠다는 결단이었다. 도정은 멈추지 않는 이어달리기였고, 정책의 계승은 도민의 삶을 책임지는 현재의 실천으로 받아들였다.

민선 7기가 만들어온 정책과 가치는 이미 도민의 삶 속에 스며들어 있었고, 그것을 멈추는 순간 행정은 신뢰를 잃게 될 터였다.

이 원칙은 구체적인 정책 선택으로 이어졌다. '지역화폐'는 도민의 일상과 지역경제를 지탱하는 생활 인프라로 유지되었고, '기본소득'은 '기회소득'으로 확장되었다. 중앙정부가 후퇴시킨 'RE100'과 에너지 전환 정책 역시 멈추지 않았으며, 노동의 미래를 준비하는 '주 4.5일제' 실험도 같은 흐름 위에서 추진해 나갔다.

민선 8기 경기도의 지난 시간은 단절을 극복한 하나의 흐름이었다. 중앙정부의 역주행 속에서도 정책의 맥을 끊지 않고 지켜낸 선택들이 쌓여 국민주권정부가 새로운 정책을 시작할 수 있는 현실의 기반을 만들었다. 민선 7기에서 시작된 선택은 '이어짐' 위에서 민선 8기로 다시 출발했고, 마침내 국민주권정부로 이어지며 하나의 방향이 되었다.

이재명의 경기도를 잇다

민선 8기 경기도는 민선 7기의 도정 철학과 가치를 계승하고 확대·발전시켰다. 민선 7기 '새로운 경기, 공정한 세상'은 촛불 혁명을 통해서 국민이 이루고자 했던 공정한 세상의 열망을 드러냈다. 이 열망을 담은 도정 철학은 민선 8기 '변화의 중심, 기회의 경기'로 이어져 혁신과 기회를 통한 더 나은 경기도를 만드는 노력으로 구체화되었다.

도정 이어달리기의 가장 대표적인 정책은 **기본소득**이다. 경기도는 전국 최초로 시행된 기본소득의 정신을 계승하고 발전시켰고, 다양한 계층으로의 확대를 지향하는 **기회소득** 정책도 도입했다. 또한 민선 7기의 도정 방향을 이어 **일산대교 무료화**를 지속 추진하고, **극저신용대출**을 확장하여 정책에 대한 도민의 신뢰를 높였다.

기본소득을 이어가다

'기본소득'은 민선 7기 경기도를 대표하는 정책이다. 인공지능AI이 노동을 대체하고 부의 편중이 심화되는 미래사회를 대비하는 근본적인 패러다임의 전환이었다. 그 출발은 '청년 기본소득'이었고, '농민 기본소득'과 '농촌 기본소득'으로 확대되었다.

민선 8기 경기도는 '청년 기본소득'을 흔들림 없이 계승·발전시켰다. 정치적 견해가 다르다는 이유로 중앙정부, 일부 기초 자치단체 등 양방향에서 쏟아진 방해를 이겨냈다. 윤석열 정권이 청년 기본소득 지급 대상자들의 주민등록 전산정보자료 제공을 거부하여 2024년 2분기 청년 기본소득 지급이 지연되는 등 행정적 차질도 빚었다. 고양시 등 일부 지자체에서는 정책 효과 미비라는 핑계로 예산 편성을 거부하거나 정책 불참을 선언하기도 했다.

경기도는 이런 어려움을 극복하면서 청년 기본소득의 의미와 취지를 살리는 데 역점을 두었다. 단순히 정책을 이어가는 데 그치지 않고 광범위하게 의견을 수렴해 질적 성장을 꾀했다. 특히 그 사용처를 배움, 취업·창업, 생활안정 등 3개 분야, 9개 항목으로 제한해 정책적 타당성을 높였다.

청년 기본소득은 단순히 청년들에게 돈 몇 푼을 나눠주는 제도가 아니다. 아르바이트를 하며 취업 준비를 해야 했던 청년이 자격증 시험을 준비할 기회, 자신에게 필요한 전문 서적을 사서 읽으며 미래를 설계할 시간을 제공하고 있다. 실제로 수혜자들은 경제적 지원보다도 사회로부터 존중받고 있다는 느낌 혹은 심리적 안정감을 가장 큰 성과로 이야기한다.

'농민 기본소득' 역시 민선 8기 들어 확대·개편되었다. 농민 기본소득은 2025년 '농어민 기회소득'으로 이름을 바꾸면서 예산을 두 배 가까이 늘렸다. 기본소득의 가치를 유지하면서도 큰 폭으로 정책을 확대했다. 5만 원의 개인 지급액은 변경 없이 거주 요건을 완화하여 보편성을 강화했다. 또한 농민에 이어 어민까지 그 대상을 확장하여 기본소득의 철학을 더욱 폭넓게 계승했다.

농민 기본소득에서 확장된 농어민 기회소득은 기본소득을 현실에 적용하면서 소멸위기에 놓인 농어촌 마을에 활기를 불어넣어 주었고, 농어민이 생업을 포기하지 않고 이어갈 수 있는 든든한 버팀목이 되었다.

‘농촌 기본소득’ 실험이 태동한 곳도 경기도다. 청년 기본소득과 농민 기본소득이 기본소득을 현실적인 정책으로 도입했다면, 농촌 기본소득은 기본소득의 이상과 가까운 정책 실험이었다. 2022년, 경기도 연천군 청산면에서 실시된 농촌 기본소득 실험은 전국 최초의 지역 단위 기본소득이었다. 어떤 조건도 없이 거주지만을 기준으로 청산면 주민 모두에게 지급된 이 농촌 기본소득 실험은 인구 유입과 지역 상권 부활이라는 구체적인 성과를 거뒀다.

이러한 경기도의 담대한 첫걸음은 국민주권정부가 ‘농어촌 기본소득 시범사업’을 핵심 국정과제로 채택하고 국가 차원으로 실험을 확장할 수 있는 결정적인 토대를 제공했다. 경기도 농촌 기본소득에서 출발한 국민주권정부의 농어촌 기본소득 시범사업은 대한민국 농어촌의 미래를 바꿀 수 있는 더 큰 가능성을 보여줄 것이다.

기본소득의 가치는 이재명 시장의 성남시, 민선 7기와 민선 8기 경기도까지 면면히 이어졌다. 기본소득의 출발점 경기도가 지켜낸 것은 몇 개의 정책 그 이상이다. 그것은 대한민국 변화의 중심지로서 쌓아온 경기도민의 자부심이었다.

기회소득으로
더 가까워진 기본사회

민선 8기 경기도는 '기회소득'을 도입했다. 분명히 사회에 기여하지만, 시장에서 정당한 보상을 받지 못하는 다양한 활동이 있다. 기회소득은 그런 활동들에 주목해 '사회적 가치 창출에 대해 보상한다'는 의미를 가지고 있다.

기회소득은 기본사회를 지향한다. 기본사회는 '모든 사람에게 기본적인 삶이 보장되는 사회'이다. '기본적인 삶'이란 우리 헌법에서 보장하는 '인간의 모든 권리, 국민이라면 누구나 행복하게 살기 위해 당연히 누려야 할 모든 것이 충족되는 삶'을 의미한다. 또 기본사회는 누구나 자신이 바라는 좋은 삶을 추구하도록 참여와 활동을 뒷받침한다.

기회소득은 자신이 바라는 삶을 추구하는 과정에서 발생하는 사회적 가치를 보상해준다. 이는 장애인·예술인·농어민·체육인의 네 개 분야를 대상으로 시작해서 기후행동·아동돌봄의 두 개 활동이 더해져 도민이 창출하는 다양한 사회적 가치를 보상하고 있다.

가장 먼저 시작한 것은 '장애인 기회소득'이었다. 장애인은 비장애인에 비해 더 많은 비용을 감내하며 살아간다. 의료비와 돌봄비, 이동 비용은 개인의 선택을 떠난 구조적 부담이다. 『장애통계연보』에 따르면, 실제로 장애인이 부담해야 하는 추가 비용은 2020년 기준 월평균 15만 원이었다.

장애인 기회소득은 '지원'이 아니라 '참여에 대한 보상'으로 설계되었다. 일정 수준의 건강관리와 사회활동에 참여하면 월 10만 원의 기회소득을 지급하는 방식이다. 단순히 현금을 주는 정책을 벗어나 주도적인 삶을 살아갈 기회를 설계하는 정책이었다.

결과는 숫자와 삶 모두에서 확인되었다. 3년간 2만 7,000명이 넘는 장애인이 참여했고, 참여자 만족도는 88%를 넘었다. 연세대학교 산학협력단의 비용·편익 분석 결과, 기회소득의 B/CBenefit/Cost Ratio, 비용편익비는 1.13으로 복지 정책 평균을 상회했다. 그러나 숫자보다 더 중요한 것은 변화의 방향이었다. 규칙적인 생활, 사회활동 증가, 건강지표 개선, 의료 이용 감소로 이어지는 선순환 구조가 만들어졌다.

안산에 사는 뇌병변 장애인 A씨는 기회소득 참여 이후 꾸준한 운동을 통해 건강을 회복했고, 자격증을 취득해 재택근무 형태로 취업에 성공했다. 자폐성 장애를 가진 학생 B씨는 수영을 꾸준히 해서 전국 장애학생체육대회에서 메달을 따며 자신감과 목표 의식을 키웠다. 기회소득은 장애인을 '돌봄의 대상'에서 '삶의 주체'로 다시 세우는 정책이었다.

장애인 기회소득 다음은 '예술인 기회소득'으로 이어졌다. 예술은 결과물만이 아니라 과정 전체에 가치가 있다. 그러나 시장은 공연과 전시라는 결과만을 보상해 왔다. 연습과 조사, 창작의 시간은 늘 보이지 않는 노동으로 남았다. 예술인이 버티지 못하면 사회의 문화적 토대가 무너진다. 예술인 기회소득은 불안정한 소득 구조 속에서도 창작을 지속할 수 있도록 하는 최소한의 기반을 만드는 정책이었다.

연간 150만 원의 기회소득은 큰 금액은 아니지만, 예술인들에게는 '계속해도 된다'는 메시지였다. 자신의 창작활동을 사회적으로 인정받고 있다는 자부심이기도 했다. 실제로 예술활동 시간은 늘었고, 개인 저축과 예술활동 소득도 증가했다. 만족도는 92%에 달했다.

부천의 장애 예술가 C씨는 기회소득으로 악기를 수리하고 연습 시간을 확보하며 다시 무대에 설 수 있었다. 세 아이의 아빠이자 비올라 연주자인 그는 "예술가로서 인정받고 있다는 감정이 가장 큰 힘이 되었다"고 말했다. 이처럼 기회소득은 '존중의 언어'가 되었다.

'농어민 기회소득' 또한 같은 문제의식에서 출발했다. 농업과 어업은 식량을 생산하는 산업이자 환경을 지키고 지역을 유지해 나가는 공익적 활동이다. 그러나 그 가치는 시장에서 제대로 보상받지 못했다. 특히 청년 농어민들에게는 '버려야 할 선택'이 되어버렸다. 농어민 기회소득은 이를 지속가능한 직업으로 바라볼 수 있게 만들었다. 초기 소득 불안정으로 포기를 고민하던 청년 농어민들은 이 정책에 힘입어 기술을 배우고 미래를 설계할 수 있게 되었다.

이어서 체육활동으로 사회적 가치를 창출하지만 정당한 보상을 받지 못하는 체육인 대상의 '체육인 기회소득'도 도입했다. 사회적 가치 창출에 상응하는 정당한 보상을 받지 못하고 있다는 점에서 체육인도 예술인과 다르지 않다. 1인당 연간 150만 원의 기회소득은 그 같은 측면에서 비인기 종목 선수나 열악한 환경의 지도자들이 사회에 기여하는 가치에 대한 보상으로 제공되었다.

장애인·예술인·농어민·체육인 기회소득이 기본소득의 지원 대상을 확대하는 노력이었다면 기후행동과 아동돌봄 기회소득은 누구나 참여할 수 있는 보편성을 전제로 한 '참여소득' 개념으로 기본소득을 확장하려는 시도였다.

'참여소득'Participation Income이라는 개념은 영국의 경제학자 리처드 엣킨슨이 제안했으며, 사회적 가치창출을 소득으로 보상한다는 것이 그 골자다. 모든 사람에게 조건 없이 소득을 지급하는 기본소득으로 나아가는 중간 단계로서 의미를 가진다.

'기후행동 기회소득'은 기회소득의 철학을 일상의 영역으로 넓혔다. 걷기, 대중교통 이용, 텀블러 사용, 재활용 같은 작은 행동들은 사회적으로는 큰 가치이지만 개인에게는 보상이 없었다. 경기도는 이 '착한' 행동들을 '보상받아야 할 공공의 기여'로 재정의했다. 결과적으로 19개월 만에 181만 명의 도민이 참여했고, 43만 톤이 넘는 온실가스를 줄였다. 기후 정책이 규제의 틀을 깨고 참여를 이끄는 순간이었다.

'아동돌봄 기회소득'은 마을 주민들이 자발적으로 구성한 공동체 내에서 아동을 돌보는 참여활동의 가치를 인정하고 보상하는 제도로 설계되었다. 공식적인 보육 시스템 밖에서 이웃 아이들을 돌보는 '마을 돌봄활동'에 기회소득을 지급하는 정책이다. 활동에 참여하는 시간에 따라 월 10만 원에서 20만 원까지 지급되는 아동돌봄 기회소득은 마을과 돌봄, 참여의 가치를 하나로 연결시키는 계기가 되었다.

기회소득은 기존 복지 담론이 가진 낙인 효과와 분명한 선을 긋는다. 도움받기 위해 이유를 설명하고 증명해야 하는 구조를 최소화했다. 오로지 '사회적으로 가치 있는 활동 때문에' 지급되는 소득이다.

시민은 우리 사회를 떠받치는 존재다. 단지 보호만 받아야 할 대상이라는 시각에 머물러서는 안 된다. 그동안 아무 보상 없이 유지되어 온 사회적 가치 창출의 비용을 공동체가 함께 부담하겠다는 정책적 선언이 바로 기회소득이다.

일산대교 무료화
이어달리기

한강을 가로지르는 28개의 다리 중 통행료를 내야 하는 곳은 단 하나뿐이다. 고양시와 김포시를 잇는 일산대교는 오랜 시간 '불평등의 상징'이었다. 1.84㎞라는 짧은 구간임에도 불구하고 유일하게 통행료를 내야 하는 유료 교량이었기 때문이다. 거리당 요금도 일반 고속도로보다 열 배나 비싼 1,200원이었다. 매일 이 길을 이용하는 고양·김포·파주 주민들은 경제적 부담은 물론 심리적인 박탈감까지 견뎌야 했다.

민선 7기 경기도는 이러한 불합리를 방치하지 않았다. 2021년 10월, 경기도는 '경기도가 일산대교 운영권을 가져올 테니, 시민에게 요금을 받지 말라'는 공익 처분을 내렸다. 이 결정으로 일산대교 통행료는 0원이 되었다.

그 과정이 결코 쉽지는 않았다. 일산대교 운영사가 이에 불복해 소송을 제기하고, 법원 판결로 21일 만에 통행료 징수가 재개되며 원상

복구되는 아픔도 겪었다. 하지만 그 울림은 컸다. 도민의 권리를 위해 거대 자본 및 법리에 정면으로 맞서겠다는 웅장한 선언이었기 때문이다. 그리고 그 울림은 민선 8기까지 이어졌다.

민선 8기는 이를 계승하되, 더 유연하고 전략적인 길을 선택해 실질적 해결을 꾀했다. 소모적인 법정 공방에서 벗어나 예산을 투입해 도민이 즉각 체감할 수 있는 혜택을 주는 '상생 모델'로 전환한 것이다.

상생 모델의 핵심은 중앙정부와 경기도, 시·군 간 협력이다. 경기도가 선제적으로 통행료의 절반을 부담하고, 나머지는 중앙정부와 시·군이 협력해서 해결하는 구조다. 행정적 논리나 법적 우선순위보다 도민의 편의가 우선이 되어야 한다는 원칙을 세우고 과감하게 결단을 내렸다.

2026년 1월 1일부터 경기도는 200억 원의 예산을 투입해 일산대교 통행료의 절반을 지원하기 시작했다. 이로써 출퇴근길에 매일 일산대교를 오가는 주민은 한 달 약 2만 4,000원의 고정 지출을 절감할 수 있게 되었다. 시행과 동시에 일산대교 인근의 다른 한강 다리들에서 교통 정체가 분산되는 효과도 나타났다. 이에 따라 김포시는 2026년 4월부터 관내 거주 시민의 출퇴근 시간대에 나머지 절반의 요금도 추가로 지원하겠다는 방침을 밝혔다. 그렇게 되면 사실상 일

26년 1월 1일부터 경기도는
통행료 변경 시대!

산대교 통행요금 '완전 무료화'를 체감할 수 있게 된다.

물론 재정을 통한 해결 방식의 한계를 지적하는 시각도 있다. 하지만 행정의 원칙보다 도민이 겪는 불합리를 끊어내는 것이 더 중요하다. 일산대교 무료화는 민자사업의 구조적 문제를 법적 강제를 피해 재정적 보전과 협상으로 매듭지은 경기도형 민생 해결 사례다. 그런 점에서 큰 의미가 있다.

정책의 가장 중요한 요소 중 하나는 '신뢰'다. 일산대교 무료화 과정이 보여주는 또 하나의 의미는 민선 7기 정책의 계승에 있다. 민선 8기로 넘어오면서 정치적 환경은 달라졌지만, '교통 불평등 해소'라는 목표는 흔들리지 않았다. 그 목표를 이어받아 실현 가능한 대안을 만들어냈고, '도정 이어달리기'로 도민에게 정책적 신뢰를 쌓아갔다.

현재의 성과에 안주해서는 안 된다. 고양·파주 등 인접 지역과의 혜택 차이를 줄이고, 수도권 서북부의 경제 공동체를 더욱 단단하게 엮어 나가야 한다. 도민과의 약속을 끝까지 지키는 책임 행정이 이어져야 한다. 일산대교가 불공정의 상징으로 남지 않고 '상생과 복지의 상징'이 될 수 있도록 경기도의 정책은 바통을 이어갈 것이다.

더 촘촘해진
'극저신용대출 2.0'

'극저신용대출'을 공공의 영역으로 가져온 것은 민선 7기 경기도가 처음이었다. 2020년, 민선 7기 경기도는 행정에서 이를 과감히 실현했다. 전국 최초 포용금융 정책으로 도입된 경기도 극저신용대출은 실직과 질병, 소득 단절 등의 사유로 제도권 금융에서 배제된 극저신용자를 불법 사금융으로부터 보호하고 재기를 돕기 위해 시작되었다.

제도권 금융 접근이 어려운 신용점수 최하위 도민 약 11만 명을 대상으로 했다. 최대 300만 원 한도에 연 1% 금리로 최장 5년까지 원금 균등 분할상환 방식을 택한, 말 그대로 단비 같은 정책이었다. 당시 대출금의 75%가 생계비로 활용되었다는 통계도 있다. 이는 극저신용대출이 단순히 돈을 빌려주는 금융이 아니라 사회적 비용을 줄이는 근본적인 지원책이었음을 잘 보여준다.

민선 8기 경기도는 민선 7기의 성과를 이어 이를 더 촘촘한 '극저신용대출 2.0'으로 확대·발전시켰다. 그간의 운영 경험과 데이터를 바탕으로 정책의 효과를 한층 끌어올렸다. 일시적인 자금 지원에 그치지 않고, 금융 취약계층 대상의 상시적 정책 도구로 제도화한 것이다. 최대 대출액을 200만 원으로 조정하는 대신 상환 기간을 5년에서 10년으로 두 배 연장했다. 대출받는 도민이 체감하는 원금 상환 부담을 획기적으로 낮췄고, 심리적 압박 없이 경제적으로 재기할 수 있는 충분한 시간을 제공하겠다는 의지를 담았다.

해당 업무의 전담 조직도 신설했다. 채권 회수와 만기 연장 등 사후 관리를 강화하고, 상담·복지·일자리 연계 체계를 촘촘하게 손봤다. 이는 경제위기를 맞아 우선적으로 보호해야 할 계층을 지키려는 정책적 노력이기도 했다. 이러한 정책 이어달리기는 경기도 지방정부가 선도한 금융 안전망 모델이 국가 정책으로 확장될 가능성을 열어주었다.

정책 시행 과정에서는 일부 언론이 '도덕적 해이 조장', '혈세 낭비' 등 자극적인 표현으로 비난하기도 했다. 특히 "4명 중 3명이 상환하지 않는다"는 부정확한 주장으로 부정적 여론을 부추긴 보도도 있었다. 그러나 이러한 비판은 사실과 거리가 멀다. 구체적인 데이터를 보면 극저신용대출을 받은 도민의 4분의 1은 완전 변제했고, 절반에 가까운 대출자는 변제 기간 연장과 재약정을 통해 성실한 상환

의지를 보였다. 현재도 연체율은 약 30% 수준으로 관리되고 있다. 이는 물론 비용이지만, 이들이 고금리 대부업으로 내몰렸을 때 발생했을 사회적 비용에 비하면 훨씬 낮은 수준이다.

민선 8기 경기도가 사업을 계승하면서 내실을 다진 이유도 바로 여기에 있다. 일부 언론의 억측이 사실이었다면 사업은 이미 중단되었을 것이다. 무분별한 추측성 비난을 넘어서기 위해서라도 민선 7기에서 시작된 정책의 철학과 가치는 더 단단하게 이어질 필요가 있었다.

2025년 국토교통위원회 경기도 국정감사에서 나는 시력 악화로 생계가 막막했던 66세의 시각장애 어르신의 사례를 소개했다. 이 어르신은 극저신용대출 50만 원으로 생활비를 해결했고, 이후 경기도의 복지 시스템과 연계되어 백내장 수술과 기초수급 지원까지 받을 수 있었다. 50만 원이 누군가에게는 적은 돈일 수도 있다. 하지만 그 어르신에게는 다시 건강한 일상으로 돌아가는 출발점이 되었다. 이렇게 이 정책의 진정한 가치는 도민의 삶 속에서 증명된다.

한 국회의원은 극저신용대출을 두고 "눈물을 닦아주는 이런 제도는 서민에게 정성으로 보답 받는 정책"이라고 평가했다. 극저신용대출은 사회가 일방적으로 약자를 돌봐주는 정책이라고 볼 수 없다. 사회가 보답 받는 정책이다. 경기도 극저신용대출은 소외된 이들을 끝까지 포기하지 않겠다는 약속이자, 다시 경제활동으로 돌아갈 수 있게 돕는 마중물이다. 이 약속은 민선 7기에 시작해 민선 8기를 거쳐 더욱 단단해졌다.

| 2장 |
윤석열 정권의
역주행에 맞서다

민선 8기 경기도는 윤석열 정권의 역주행에 맞선 '망명정부'의 역할을 자처했다. 퇴행하는 중앙정부의 정책에 당당하게 맞섰다. 경기도 정책의 기준은 오직 도민의 삶과 경기도의 미래 경쟁력이었다. 과감하게 경기도만의 독자적인 정책 방향을 선택했다.

먼저, 경기 침체 상황 속에서도 긴축재정만 외치는 중앙정부의 독단에 맞서 민생경제를 살리기 위한 **확장재정**을 펼쳤다. 현장에서부터 **RE100**재생에너지 100%을 중심으로 기후 대응 정책을 지킨 것도 경기도였다. 이에 더해 **지역화폐** 예산을 늘려 소상공인과 지역경제 회복을 지원하는 한편, 고의적이고 악의적인 체납에 대해서는 강도 높은 징수 활동을 통해 **조세 형평성**을 강화했다.

확장재정으로 지킨
민생과 미래

윤석열 정권 시기 우리나라의 경제는 '1% 경제'로 불렸다. 경제성장률, 수출 증가율, 민간소비 증가율 모두 1%대에 머물렀기 때문이다. 민생은 더욱 어려워졌다. 2023년 기준 소매업과 음식업의 폐업률은 20%를 넘었다. 신규 창업 대비 폐업 비율은 79.4%에 달했다. 가게 10곳이 문을 여는 동안 8곳이 문을 닫았다는 뜻이다. 이는 2013년 이후 가장 높은 수치였다. "코로나19 때보다 더 어렵다"는 자영업자들의 절규는 그 절박함을 고스란히 보여주었다.

이런 상황에서 "경제가 기지개를 켜고 있다", "경제가 살아나고 있다"고 대통령은 말했다. 서민과 시장의 고통에는 눈을 감았다고밖에 볼 수 없는 망발이었다. 게다가 가뜩이나 어려운 경제 상황에서 국가 재정을 긴축했다. 이념에 사로잡혀 경제 정책을 왜곡하는 일이었다.

나는 오랫동안 국가경제 운영과 나라 살림을 책임졌다. 그런 내 눈에 윤석열 정권의 모든 경제 정책들은 거꾸로였다. 재정 정책이 가장 대표적이다. 국가 재정은 돈을 써야 할 때와 거둬들여야 할 때가 있다. 경제위기, 팬데믹Pandemic과 같은 비상시국에는 돈을 써야 한다. 산업 전환기에 미래 먹거리를 개척하는 데 민간 투자가 어려운 부분에는 과감하게 국가 재정이 나서야 한다. 특히 경기 침체기에는 적극적인 역할을 하고 호황기에는 긴축하는 자동안정화 기능은 재정 정책의 기본 중의 기본이다.

윤석열 정권은 경기 침체 속에서 끝까지 긴축재정을 고집했다. 2024년과 2025년 재정 증가율은 각 2.8%, 2.5%에 불과했다. 물가 상승률에도 미치지 못하는 수치다. '건전재정'이라는 미명하에 경제위기 상황임에도 재정을 긴축하는 악수를 둔 것이다.

긴축재정 기조에서 취약계층 보호 예산, R&D와 같은 미래 투자 예산, 민생을 돕는 지역화폐 예산 등이 대폭 또는 전액 삭감되었다. 경기 침체는 더욱 깊어졌고 세수는 줄어드는 악순환에 빠졌다. 2008년 글로벌 금융위기를 극복한 대응과는 정반대였다. 당시에는 '신속', '과감', '충분'을 원칙으로 재정·금융·통화 정책을 총동원해 위기를 극복했다. 그게 경제위기에 대처하는 재정의 적극적인 역할이다.

경기도는 중앙정부의 이런 역주행에 맞서 정주행 기조를 유지했다. 거꾸로 가는 중앙정부와 달리 독자적인 재정 정책을 선언하고, 지방정부 차원에서 과감한 확장재정 정책을 폈다. 경기도 예산을 2024년 6.8%, 2025년 7.2% 늘렸다. 중앙정부보다 2배 이상 높은 증가율이었다. 나아가 '확장 추경'을 매년 편성했다.

더 중요한 것은 '돈을 어디에 쓰느냐'였다. 정부가 감액 편성한 지역 사회간접자본SOC에 투자해 도로, 하천, 철도 등 인프라를 확충했다. 지역경제 활성화와 일자리 창출을 위해서였다. 반도체, AI 등 첨단 신성장산업과 스타트업 활성화, 기후경제 등 미래를 대비한 투자도 대폭 늘렸다. 지역화폐, 농수산물 할인쿠폰 사업, 각종 일자리 예산도 증액했다. '주 4.5일제' 시범사업, '360° 돌봄', 이주노동자와 다문화가족 지원 부문의 예산 역시 확대했다.

얼마 전 코스피KOSPI 지수가 6000선을 넘어 사상 최고치를 찍었다. 국민주권정부가 들어서면서 제 방향을 잡자마자 시장이 빠르게 반응한 결과다. 윤석열 정권의 경제 정책 역주행과 내란 사태가 국가경제와 민생에 끼친 악영향을 뼈아프게 되돌아볼 수밖에 없는 대목이다.

경기도가 추진한 확장재정 정책은 지역경제 회복과 미래산업 기반 마련, 그리고 도민 삶의 안전망 강화를 위한 선택이었다. 급박한 경제 위기 속에서 지방정부가 책임지고 택할 수 있는 최선의 대응이었다.

RE100,
경기도가 지키다

윤석열 정권은 기후에너지 정책 논쟁을 일으켰다. 재생에너지 100% RE100 정책을 포기하고 원전과 화석연료를 포함한 에너지 믹스Energy Mix를 강조하면서 정책의 속도와 방식을 갑자기 바꿨다. 국제적으로 탄소 감축 요구가 강화되고 있는 상황에서 정반대 방향으로 돌린 셈이었다.

이에 반해 경기도는 재생에너지 확대를 통한 에너지 전환 정책을 굽히지 않았다. 2030년까지 신재생에너지 발전 비중 30%까지 확대, 온실가스 40% 감축을 목표로 '경기 RE100'을 핵심 정책으로 추진했다.

RE100은 경기도 경제 정책의 핵심축이었다. 경기 RE100은 '누가, 어디서, 어떻게 전환할 것인가'를 명확히 나눠 세 가지 방향으로 추진했다.

첫째, '공공 RE100'의 선제적 실행이다.

경기도는 도청과 산하 공공기관이 사용하는 전력의 재생에너지 100% 전환을 추진했다. 공공이 먼저 에너지 전환을 실천함으로써 민간 참여를 유도하겠다는 취지였다. 민선 8기 동안 재생에너지 사용 비율은 꾸준히 증가했고, 임기를 5개월 정도 남긴 2026년 1월말 시점에서 공공기관 RE100 달성률은 90%이며, 2026년 4월중 100% 달성을 앞두고 있다.

둘째, '산업단지 RE100'을 통한 투자 경쟁력 강화다.

경기도는 RE100을 개별 기업의 부담으로 떠넘기지 않았다. 산업단지 단위로 관련 인프라를 구축해 기업들이 재생에너지로 전환할 수 있는 기반을 제공했다. 재생에너지 인프라 강화는 반도체 등 첨단 제조업 투자 유치의 원동력이 되었다.

셋째, '도민 RE100'으로 확장된 참여 기반이다.

윤석열 정권에서 주택용 태양광 지원사업 예산을 반토막 냈을 때 경기도는 예산을 두 배로 올리며 주택 태양광 설치를 늘렸다. 아울러 350개의 '에너지 자립마을'과 20개의 '에너지 기회소득마을' 등 마을 단위의 태양광 보급사업을 확대하며 도민이 에너지 생산과 소비 과정에 직접 참여하도록 지원했다.

공공 RE100과 산단 RE100 및 도민 RE100. 이 세 개의 축은 유기적

경기 RE10
지금부터
경기 RE100

으로 맞물려 돌아갔다. 공공이 먼저 움직이고, 산업이 따라오며, 도민이 참여하는 구조였다. 공공의 실행이 산업의 신뢰를 만들고, 산업의 전환이 도민 참여의 명분을 뒷받침했다. RE100은 그렇게 경기도 전체를 관통하는 실행 전략이 되었다.

RE100은 선택이 아닌 필수가 되고 있다. 국제 경쟁이 치열하고, 반도체·자동차·IT·데이터센터처럼 에너지 사용량이 큰 산업일수록 더욱 그렇다.

경기도가 RE100을 선제적으로 추진한 것은 미래 투자를 끌어올 수 있는 최소 조건을 먼저 갖추겠다는 판단에서였다. 실제로 글로벌 기업과의 투자 협의 과정에서 RE100 인프라가 중시되었고, 이는 경기도의 경쟁력을 설명하는 중요한 근거가 되었다. RE100은 기후 대응을 넘어 투자 유치와 일자리 창출의 기반으로 작동했다.

기후위기의 영향은 이미 도민의 일상에 나타나고 있다. 폭염과 한파, 집중호우와 같은 기후 재난은 건강과 생계에 직접적인 영향을 미친다. 특히 취약계층일수록 피해가 더 크게 나타난다. 기후 정책을 사회안전망과 연결한 대표적인 정책이 '경기 기후보험'이다.

경기 기후보험은 전국 최초로 도입된 제도다. 온열질환, 한랭질환,

감염병, 기후 재난 사고 등의 보험에 도민 전체가 자동으로 가입되는 구조를 만들었다. 그 누구도 기후위기를 홀로 감당하지 않도록 공공이 최소한의 보호선을 제시했다. 보험 시행 이후 실제로 수만 건의 보상이 이뤄졌고, 그 대부분은 기후 취약계층에게 돌아갔다. 병원비와 입원비 같은 직접적인 부담이 줄어들면서 경기 기후보험은 기후위기가 곧바로 생활 붕괴로 이어지는 것을 막아냈다.

기후 정책은 참여 없이는 지속될 수 없다. '기후행동 기회소득'은 걷기, 대중교통 이용, 에너지 절약, 재활용과 같은 일상적 행동을 사회적 가치로 인정하고 보상하여 시민의 참여를 이끌어냈다. 기후행동 기회소득은 포인트 제도를 활용해 탄소 감축이라는 공공의 성과를 시민과 나누는 방식이다.

기후행동 기회소득은 도민의 폭발적인 반응으로 이어졌다. 시행 19 개월 만에 181만 명의 도민이 가입하여 기후행동을 실천에 옮기고 있다. 이는 43만 톤의 온실가스를 감축하는 효과를 냈다. 비교하자면 소나무 350만 그루를 심는 것과 같은 효과다.

기후위기는 모두에게 오지만, 피해는 결코 평등하지 않다. 경기도는 이 불평등을 '기후격차'Climate Divide라는 개념으로 명확히 인식했고, 전국 최초로 관련 기본조례를 제정했다. 이상기후 피해를 더 크게 받는 지역과 계층을 든든하게 보호하겠다는 선언이었다.

RE100은 산업 경쟁력을 만들었고, 기후보험은 삶의 안전망을 세웠으며, 기후행동 기회소득은 참여를 이끌었다. 기후격차 해소 정책은 환경을 존엄의 문제로 끌어올렸다. 이렇게 경기도는 기후위기 앞에서 주저하지 않고 적극적인 투자를 선택했다. 경기도가 앞장선 기후위기 대응은 윤석열 정권이 짧은 시간 동안 회복하기 어려울 정도로 훼손한 대한민국 기후 대응을 지켜낸 버팀목이었다.

지역화폐 죽이기에
맞서다

윤석열 정권 당시 민생의 어려움은 악화된 경제 지표보다 훨씬 심각했다. 골목상권과 전통시장, 소상공인들이 그 어려움을 가장 빨리, 가장 고통스럽게 겪고 있었다.

윤석열 정권이 예산안에서 지역화폐 예산 전액 삭감을 시도했을 때 도저히 믿을 수가 없었다. 지역화폐는 재래시장, 골목상권 등 현장에서 도민을 만날 때마다 그 체감 효과를 확인한 효과적인 민생 지원 정책이다. 경기 침체기일수록 오히려 더 효과가 큰 방안이었다.

이를 무시하고 윤석열 정권은 지역화폐 국비 지원 규모를 전년 대비 58.8%나 줄였다. 다분히 정치적인 의도가 있는 축소였고, 정쟁에 몰두해 서민의 삶을 내친 명백한 '역주행'이었다.

당시 더불어민주당 이재명 대표는 '지역화폐 제도는 돈이 지역에 일단 한번 돌고 움직인다는 이점이 있기에 추진해 온 정책이었는데,

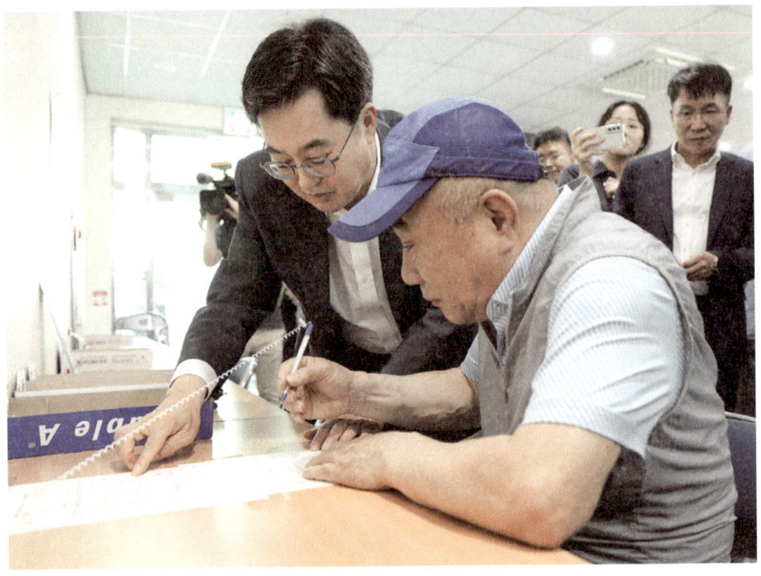

현 정부는 관련 예산을 계속 줄이고 있다'며, '왜 그런지 이해가 안 된다'고 안타까워했다. 윤석열 정권이 소위 '이재명표 정책 죽이기에 나선 것 아니냐'는 의혹을 에둘러 표현한 것이었다.

이러한 상황 속에서 민선 8기 경기도는 지역화폐 정책을 유지하고 확대했다. 중앙정부가 죽이려 하면 경기도가 지키겠다는 결의였고, 지역경제 회복과 소상공인 지원이 필요하다는 판단에서였다.

경기도는 지역화폐 도비사업 규모를 전년 대비 28.3% 확대했다. 그 결과 경기 지역화폐 도비사업 규모는 2023년 2조 4941억 원에서 2024년 3조 2000억 원으로 7059억 원 증가했다. 이는 지역 소비를 유지하고 민생경제 회복을 지원하기 위한 선택이었다.

경제를 다뤄본 사람으로서 나는 분명하게 말할 수 있다. 위기 국면에서 재정은 가장 적극적으로 나서야 할 버팀목이다. 재정이 버텨주지 않으면 가계도, 기업도, 지역경제도 한꺼번에 흔들린다. 숫자상의 건전성보다 중요한 것은 서민의 삶과 경제성장의 미래를 지탱하는 재정이다.

지역화폐는 특정 진영만의 정책이라고 외면해서는 안 되는 정책이다. 골목골목의 소상공인, 자영업자들이 직접 체험하고 검증한 진짜 민생 정책이고, 지역경제 활성화 정책이다. 건전재정을 핑계로 이를 삭감하는 것은 도저히 말이 되지 않는다.

경기도는 공공 지역화폐가 처음 출발한 곳이다. 예산안 전액 삭감이라는 비이성에 맞서 경기 지역화폐를 지키고 이를 확대한 것은 이념과 정쟁에 희생된 진짜 민생을 살리고, 경기도의 자부심을 지킨 결단이었다.

고액·상습 체납자에
예외 없다

대한민국 국민은 '공정과 정의'를 대하는 기대 수준이 매우 높다. 단순히 돈을 많이 벌었다는 이유만으로 누군가를 존경하지 않는다. 사회와 공동체에 얼마나 책임을 성실하게 이행했는지를 더욱 중요하게 평가한다. 국민의 4대 의무 가운데 국방의 의무가 엄격하게 받아들여지는 것처럼 성실한 납세 역시 우리 사회가 매우 중요하게 여기는 도덕적 규범이자 의무이다.

그런 의미에서 민선 8기 경기도는 '조세 정의'를 핵심 도정 과제로 삼았다. 재정의 규모만큼이나 중요한 것이 공정성이다. 같은 규칙이 적용되지 않는 사회에서 조세는 신뢰를 잃는다. 신뢰를 잃은 조세는 공동체를 지탱할 수 없다. 조세 정의는 성실하게 세금을 내는 다수의 도민이 손해 보지 않도록 하는 최소한의 원칙이며, 복지와 안전망과 미래 투자를 가능하게 하는 재정의 도덕적 토대다. 나는 재정을 늘리는 것보다 공정한 징수 질서부터 바로 세워야 한다고 판단했다.

2025년 경기도는 '고액체납자 징수 및 탈루세원 제로화 작전'을 추진했다. 현장징수팀과 세원발굴팀을 중심으로 연인원 1,500명이 투입된 100일 집중 대응이었다. 현장징수팀은 고액체납자 2,136명 전원을 대상으로 실태 조사를 실시하고 가상자산 계정 압류, 무기명 정기예금 추적, 국적 변경 체납자 전수조사 등 강도 높은 징수기법을 적용하여 체납세액 352억 원을 징수했다. 세원발굴팀도 총 1049억 원의 누락 세원을 발굴·추징했다. 공정한 징수 질서 확립이 우선이라는 원칙을 적용한 결과였다.

현장에서는 다양한 사례가 확인되었다. 주택건설 경기 악화를 사유로 체납액을 납부하지 않았던 한 고액체납자의 경우 2025년 4월 주택건설사업과 관련된 것으로 보이는 부동산을 배우자 명의로 취득한 사실이 확인되었다. 경기도와 국세청, 용인시가 합동으로 가택수색을 진행해 총 3억 6800만 원의 체납액을 전액 확보했다. 또 200억 원이 넘는 부담금을 체납하면서 가산금 부과 구조의 허점을 이용해 납부를 미뤄온 기업의 경우 예금과 부동산 압류, 수색 통보 이후 사업장을 직접 방문하자 체납액 211억 원을 전액 납부했다.

이 과정에서 윤석열 전 대통령의 장모 최은순 씨의 체납액 25억 원도 확인되어 한국자산관리공사에 최씨 소유 부동산의 공매를 의뢰했다. 빙산의 일각에 불과하겠지만, 기득권층의 조세 불공정 사례를 바로잡은 것은 우리 사회에 '공정'이라는 원칙을 확고히 하는 하나의 이정표를 세우는 일이었다.

조세 정의를 확립하는 것은 지방정부의 중요한 역할이다. 고액체납자들이 재산 형성과정에서 저지른 불법행위가 있다면 엄정한 사법적 책임을 물어야 한다. 그 이전에 이미 경기도는 의도적인 조세 포탈과 재산 은닉을 추적해 조세 정의를 바로 세우고 있다. 일회성 캠페인이나 단속에 그치지 않고 지속적인 조세 정의 행정을 이어갈 방침이다.

조세 정의는 그 자체가 목적이 아니다. 공정하게 걷힌 세금은 교통·복지·돌봄·기후 대응·문화 정책 등 다양한 공공 서비스로 도민의 삶에 기여한다. 성실 납세자가 존중받는 사회는 복지 확대와 미래 투자를 대하는 사회적 신뢰가 형성되는 사회이기도 하다.

경기도는 공정한 조세 질서를 통해 신뢰 기반의 공동체를 만들고자 한다. 우리 사회가 지향하는 공정과 정의의 가치에 부합하는 사회, 책임을 다한 사람이 존중받는 사회, 서로의 신뢰가 굳건한 공동체를 만들기 위한 노력은 앞으로도 계속될 것이다.

| 3장 |

국민주권정부의
토대를 쌓다

도정의 이어달리기를 하며 윤석열 정권의 역주행에 맞선 경기
도정의 성과는 경기도에만 국한되지 않았다. 국정 제1동반자
로서 경기도의 정책 방향과 실험은 국민주권정부의 정책 기반
으로 이어졌다. 민선 7기 경기도, 민선 8기 경기도, 그리고 국
민주권정부는 하나의 정책 흐름으로 이어지고 있다.

노동시간 단축을 위한 경기도의 **주 4.5일제** 시범사업은 국민
주권정부의 장시간 노동 구조 개선 정책 논의의 좋은 참고 사
례다. 또 대한민국 기후수도를 자처했던 경기도의 RE100 소득
마을은 국민주권정부의 **햇빛소득마을**로 확장되고 있다. 경기
도가 지켜낸 사회적 경제의 가치는 대한민국 기본사회의 한 축
을 이룰 **사회연대경제**로 발돋움할 것으로 기대된다. 경기도가
먼저 시작한 간병 SOS와 기후도민총회 역시 새 정부가 추진하
는 **간병 국가책임제, 기후 시민회의**의 초석이 되어줄 것이다.

주 4.5일제,
경기도가 시작하다

노동시간과 삶의 균형은 누구나 공감하지만 쉽게 손대지 못하는 주제다. 그러나 민선 8기 경기도는 이를 뒤로 미루지 않았다. 임금 삭감 없는 '주 4.5일제 시범사업'이 그것이다. 주 4.5일제 시범사업은 완성된 해답이 아니라 사회적 실험이었다. 논쟁이 불가피했고, 반대도 만만치 않았다. 그럼에도 언젠가 가야 할 길임이 분명하다면 가장 먼저 그 발걸음을 뗄 수 있는 곳은 대한민국의 축소판이자 변화의 중심 경기도일 것이라고 생각했다.

주 4.5일제 시범사업은 궁극적인 목표인 주 4일제 노동의 미래를 그리는 실험이다. 이상적인 구호에 앞서 현실에서 작동 가능한 노동시간 단축 모델을 적용하기 위한 선택이었다. "대한민국 노동시장의 축소판이자 테스트 베드인 경기도가 먼저 해보겠다"는 문제의식에서 시작된 이 실험은 단순히 근무시간을 줄이는 차원을 넘어 노동문화를 바꾸는 것을 목표로 했다.

현장은 이미 변화를 보여주고 있다. 보안 검색장비업체 A사에서 11년째 근무 중인 H 수석은 금요일 오후 3시가 되면 퇴근을 준비한다. 회사가 경기도 주 4.5일제 시범사업에 참여하면서 생긴 변화다. 그는 "금요일에는 내가 어린이집에서 아이를 데리고 집에 올 수 있다"고 말한다. 그에게 노동시간 단축은 가족과 함께하는 시간을 회복하는 일이다.

A사는 월요일부터 목요일까지는 오전 9시 출근에 오후 5시 퇴근으로 하고, 금요일에는 오후 3시에 업무를 끝내는 출퇴근 제도를 설계했다. A사 대표는 "금요일 반일제도 고민했지만, 협력업체나 거래처와의 소통 공백을 고려해 우리 회사에 맞는 형태를 택했다"고 설명한다. 획일적인 모델을 제시하지 않고 기업이 스스로 설계할 수 있는 유연성을 가졌기에 가능한 선택이었다.

근무시간 단축은 직원들 삶의 결을 바꿨다. 평일 오후 5시 퇴근이 가능해지면서 가족과 저녁시간을 보내는 일이 일상이 되었고, 금요일 조기 퇴근은 개인적인 시간 확보로 이어졌다. 동호회활동, 운동, 자격증 공부 등 자기계발에 나서는 직원들도 늘어났다. "퇴근 후 약속 때문에 눈치 보지 않아도 된다"는 말은 노동시간 단축이 일상에 남긴 변화를 정확하게 설명해준다.

경기도 주4.5일제

변화의 중심
기회의 경기
경기도 주 4.5일제
일의 미래를 열다
노동시간 줄이고
생산성 높이고
강보경
신기철
서영석

업무 효율성도 떨어지지 않았다. 오히려 정반대였다. H 수석은 "근무시간이 줄어든 만큼 정해진 시간 안에 일을 끝내야 한다는 책임감이 생겼다"며, "집중 근무시간을 따로 운영하면서 효율성이 더 올라갔다"고 말한다. A사 대표 역시 "직원들의 업무 능률이 확실히 높아졌다"고 평가했다. 노동시간 단축으로 일은 더 밀도 있게 바뀌었다. 회식문화도 달라졌다. 주말을 앞둔 금요일 저녁에 잦았던 회식은 자연스럽게 줄었고, 불필요한 야근과 회의도 사라졌다. 궁극적으로 노동시간 단축은 조직문화를 바꾸는 일이기도 했다.

물론 처음부터 걱정이 없었던 것은 아니다. A사 대표는 "근무시간이 줄어드는데 급여를 줄일 수는 없고, 외부에서 어떻게 볼지도 고민되었다"고 털어놓았다. 하지만 실제 도입 이후 구성원들은 빠르게 적응했고, 회사 분위기 또한 눈에 띄게 좋아졌다. A사 대표는 이제 "겁내지 않아도 된다"고 말한다. 이 한마디는 제도 도입을 망설이는 많은 중소기업에게 중요한 메시지다.

경기도는 이런 현장 실험이 가능하도록 제도적 뒷받침도 함께 설계했다. 300인 미만 중소·중견 기업에서 노사가 합의해 근로시간 단축을 결정하면 노동자 1인당 월 최대 26만 원의 '임금보전장려금'을 지원한다. 기업에는 최대 2000만 원 한도에서 업무 프로세스·공정 개선 컨설팅과 근무시간 관리제도 구축 지원도 이루어진다. 단순히

'해보라'는 요구만 하지 않고, 할 수 있도록 구조를 만든 것이다. 그 결과 2025년 10월 기준 총 107개 기업, 3,050명의 노동자가 주 4.5일제 시범사업에 참여하고 있다. 참여 기업 대부분은 중소기업이었다. 노동시간 단축이 더 이상 대기업만의 실험이 아니라는 점을 분명히 보여준다.

민선 8기 경기도의 노동·일자리 정책은 "덜 일하자"는 구호와 거리가 멀다. '일하는 방식이 바뀌어야 경제도 지속될 수 있다'는 판단에서 출발했다. 사람을 소진시키는 노동은 결국 생산성 하락과 사회적 비용으로 되돌아온다. 반대로 사람이 존중받는 노동은 집중도와 책임감을 높이고 조직 전체의 효율을 끌어올린다. 노동시간 감소는 비용 부담이 아니라 투자라는 인식이다.

민선 8기 경기도정이 가장 중점을 둔 가치는 '사람'이다. 노동자가 행복해야 생산성이 올라가고, 성평등과 가사 분담 같은 사회적 가치도 더불어 실현된다. 국민주권정부는 공약에서부터 일관되게 실질적인 노동시간 단축을 목표로 하고 있다. 2030년까지 한국의 연간 노동시간을 OECD 평균 수준인 1,700시간대로 줄이겠다는 구체적인 목표도 제시했다. 경기도에서 시작한 주 4.5일제 시범사업이 전국으로 확대되어 노동시간 단축 실현에 주춧돌 역할을 하리라 믿는다.

햇빛소득마을의
첫걸음

오늘날 기후위기는 환경 문제를 넘어 국가 경쟁력과 생존을 좌우하는 실질적인 경제 지표가 되었다. 거대한 전환의 시대 속에서 경기도가 선도적으로 추진해 온 '경기 RE100 소득마을' 사업은 에너지 복지와 경제적 수익을 동시에 달성하는 새로운 공동체 모델이다.

경기 RE100 소득마을은 경기도형 '햇빛소득마을' 조성사업이다. 태양광 발전설비 설치를 지원하여 재생에너지 보급을 확대하고, 이를 통해 마을 주민들에게 실질적인 경제적 혜택을 돌려준다. 이 사업은 크게 세 가지 방향으로 추진된다. 소규모 발전설비로 에너지 자립을 실현하는 '자립형', 대용량 설비로 20년간 안정적인 수익을 창출하는 '소득형', 그리고 옥상과 베란다를 활용해 전기료를 절감하는 '아파트형'이 그것이다.

마을 선정은 주로 도시가스가 공급되지 않는 에너지 취약 지역을 중심으로 이뤄진다. 선정된 마을에서는 주민들이 직접 참여해 태양광

시설을 구축한다. 경기도는 설비 구축을 행정적·재정적으로 지원하고, 생산 전력은 한국전력이나 RE100 기업에 판매해 주민 수익을 창출한다.

경기도는 민선 8기 동안 350개 RE100 마을 사업을 추진했고, 1만 9,000가구의 주택에 태양광 설치를 지원하는 성과를 거뒀다. 이는 단순히 탄소 배출을 줄이는 것에 그치지 않고, 기후위기 대응이 곧 민생경제의 활로가 될 수 있음을 실천으로 증명한 사례였다. 이러한 경기도의 행보는 기후위기를 방관하던 중앙정부의 공백을 메우는 한편, 지방정부가 어떻게 지속가능한 미래의 주도권을 쥘 수 있는지를 보여주는 이정표를 제공했다.

경기도가 일구어낸 변화의 실체는 포천시 가산면의 '마치미 마을'에서 구체적으로 확인할 수 있다. 이곳에서 태양광은 새로운 소득의 원천이다. 주민들은 태양광 발전으로 전기요금 부담에서 완전히 벗어났을 뿐만 아니라 가구당 월평균 20만 원에 달하는 추가 소득을 얻고 있다. 여기에 더해 마을 공동기금으로 매달 약 60만 원이 적립되어 공동시설 운영 등에 활용되고 있으니, 말 그대로 '태양빛 혁명'이 일어난 셈이다.

마치미 마을을 포함해 현재 경기도 내 470여 개 마을이 RE100 대열

경기도 공공기관
RE100 1호 발전소
이 태양광 발전소는 도민과의
상생 도모로 만들어 졌습니다

에 합류하여 변화의 주인공이 되고 있다. 이제 RE100 정책은 이재명 대통령의 국민주권정부를 통해 국가적 핵심 과제로 추진 중이다.

국민주권정부의 RE100 정책은 에너지를 공공재로 인식하고, 그 수익을 소수 대기업이 아닌 국민에게 돌려주는 '에너지 기본소득'의 실현을 핵심으로 한다. 경기 RE100 소득마을 사업은 국민주권정부의 '햇빛소득마을' 정책과 직접 맞닿아 있다. 경기도의 성공 사례는 중앙정부의 햇빛소득 정책을 추진하는 전초기지 역할을 해 왔다.

두 정책의 결합은 강력한 시너지를 만들어낼 것으로 기대된다. 전국적으로 확대될 햇빛소득은 농어촌의 소멸위기를 완화하고 가계경제를 지탱하는 든든한 버팀목이 될 것이며, 이는 경기도가 닦아놓은 RE100의 토대 위에서 더욱 견고하게 꽃필 전망이다.

사회연대경제의 가치를 잇다

우리 사회에는 숫자와 돈으로 환산할 수 없는 소중한 가치들이 존재한다. 취약계층의 자립을 돕고, 지역 공동체의 붕괴를 막으며, 이윤보다는 사람을 먼저 생각하는 '사회적 경제', '사회연대경제'도 그중 하나다. 그런데 윤석열 정권 시절, 이 소중한 생태계는 유례없는 혹한기를 맞았다. '사회적 경제 기업의 자생력을 높인다'는 명목 아래 관련 예산을 대폭 삭감하거나 축소했다.

2024년 중앙정부 예산안에서 사회적 경제 관련 예산은 전년 대비 약 60% 가까이 삭감되었다. 일선 현장에서 사회연대경제의 생태계를 지탱하던 중간 지원조직 예산이 사라졌고, 사회적 기업들의 생존과 직결된 사업개발비와 인건비 지원 예산 등이 직격탄을 맞았다. 이러한 급격한 변화는 직접적인 재정적 압박을 넘어 지난 십수 년간 민관이 공들여 쌓아온 사회적 경제 인프라를 한순간에 무너뜨렸다. 그 결과 남다른 가치를 창출하던 수많은 사회적 기업이 폐업 위기에 내몰렸다.

민선 8기 경기도는 그에 맞서 더 큰 걸음을 내디디며 변화의 중심에 섰다. 사회적 경제를 '어려운 이들을 돕는 시혜적 복지'로 단순하게 여기지 않고 '모든 시민이 인간다운 삶을 보장받는 기본사회를 지탱하는 굳건한 경제적 토대'라고 인식해서였다. 중앙정부의 외면 속에서 경기도는 사회연대경제의 맥이 끊기지 않도록 하는 든든한 버팀목 역할을 자처했다.

그 상징적인 조치가 바로 지방정부 최초의 '경기도사회적경제원' 설립이었다. 이는 사회적 경제를 전문적인 육성과 투자가 필요한 미래 경제의 한 축으로 격상시킨 결정이었다. 경기도사회적경제원은 사회적 기업의 생애주기별 맞춤형 지원은 물론 금융과 판로 개척을 통합적으로 관리하며 생태계의 질적 성장을 견인하고 있다. "중앙정부가 하지 않는다면 경기도가 먼저 하겠다"는 강력한 의지는 현장의 불안을 희망으로 바꾸는 신호탄이 되었다.

민선 8기 경기도의 노력은 구체적인 예산과 숫자가 증명하고 있다. 경기도는 중앙정부에서 삭감된 일자리 창출을 위한 사회적 경제 인건비 지원 예산과 사회보험료 및 기업의 SVISocial Value Index, 사회적 가치지표 측정 지원 예산을 전국에서 유일하게 도비로 확보하여 복구했다. 정부의 지원 중단으로 당장 고용 유지조차 어려워진 사회적 경제 기업들에게 희망을 주는 정책이었다.

이에 그치지 않고 경기도는 지원의 폭을 더욱 넓혔다. 연간 50억 원 규모의 '경기소셜임팩트펀드'를 조성하여 민간 투자를 유도하고, 사회적 경제 제품의 우선구매 규모를 5000억 원까지 확대하겠다는 구체적인 목표를 세웠다. 또한 '경기도주식회사'와의 협력을 통해 온·오프라인 유통망을 통합 지원하고 대형마트 내 팝업 매장을 운영하는 등 기업들이 자생력을 갖출 수 있는 구조적 환경을 만드는 데 집중했다.

경기도 사회연대경제 정책의 온기는 현장으로 퍼져 나갔다. 중앙정부의 예산 삭감 소식에 앞이 캄캄했다던 현장의 활동가들과 기업가들에게 희망을 주는 한편, 기존 사회적 경제를 넘어 협동과 연대를 강조하는 '사회연대경제'라는 더 확장된 개념을 내세웠다. 이는 시민 개개인이 서로를 지탱하며 상생하는 기본사회의 모델을 지방정부 차원에서 선제적으로 구현해 나가는 과정이다.

경기도의 역할은 '가교'였다. 위기에 처한 대한민국의 사회적 경제를 지키고, 향후 국민주권정부가 나아가야 할 사회연대경제 정책의 맥을 이었다. 효율성과 규모를 따지는 차가운 경제만이 전부여서는 안 된다. 경기도에서 놓은 가교를 소중한 밑거름으로 삼아 사회연대경제가 우리나라의 경제 생태계를 더 따뜻하고 건강하게 키울 수 있으리라고 믿는다.

간병 국가책임제의 초석,
'간병 SOS'

경기도의 '간병 SOS' 프로젝트는 "간병비 부담, 이제는 국가가 책임진다"는 국민주권정부의 국정과제를 현장에서 실현 가능하도록 정책으로 증명했다. 국민주권정부의 '간병 국가책임제'가 실제 현장에서 작동하는 구체적인 예시로 활용되어 전국적인 확산을 유도하고 있다.

2025년 2월, 경기도는 저소득층 노인에게 연간 최대 120만 원의 간병비를 지원하는 간병 SOS 프로젝트를 도입했다. 전국 광역지자체 최초이며 간병비 국가책임제의 길을 여는 선도적인 실험이었다.

간병은 삶의 존립을 흔드는 문제다. 하루 12~18만 원에 이르는 간병비는 한 달이면 수백만 원이 된다. 많은 가정이 치료보다 비용을 먼저 계산해야 했고, 그 부담은 간병 파산, 가족 해체, 심지어 비극적인 선택으로까지 이어졌다.

간병 SOS 프로젝트는 이 문제에 주목했다. 65세 이상 저소득 어르신이라면 누구나 연간 최대 120만 원의 간병비를 지원받을 수 있다. 신청이 어려운 경우에는 공무원 직권 신청도 가능하다.

성과는 뚜렷했다. 10개월 만에 1,000명 이상이 수혜를 받았고, '가족 간병 부담 해소'라는 정책 목표를 달성했다. 2025년 기준 1,054명에게 평균 98만 원의 지원이 이루어졌고, 만족도는 90%를 넘었다. 간병비 부담 때문에 입원을 망설였던 경험은 60% 이상 감소했다. 간병 SOS는 환자의 치료받을 권리와 가족의 일상을 지키는 안전망이었다.

무엇보다 간병 SOS는 '간병이 국가의 책무'라는 인식을 확산시켰다. '간병비 급여화'를 추진하는 국민주권정부 정책의 타당성을 현장에서 먼저 검증했다. 이처럼 경기도의 간병 SOS 프로젝트는 대한민국의 '간병 국가책임제' 실현을 앞당기는 핵심적인 실험이자 정책 모델로서 제 역할을 충분히 수행했다.

도민을 기후 정책의 주인공으로
격상시키다

기후도시 경기도는 경기도민이 직접 만들어가고 있다. 경기도가 추진한 '기후도민총회'는 의견수렴 절차에 머물지 않고, 민선 8기 경기도 기후 정책의 핵심 가치인 '도민 중심의 민주주의'를 실현하는 중대한 전환점을 만들어 왔다. 개인적으로 내가 정치를 시작하면서 오래 가져온 꿈이었던 시민의회를 구현한 형태이기도 하다.

그동안 기후위기 대응은 전문가나 행정기관 등 제한된 주체가 주도해 온 측면이 있다. 경기도는 전국 최초로 기후 정책 숙의공론 기구를 자치법규로 규정하며, 정책 수립의 주도권을 도민의 손에 쥐어주었다. 기후도민총회는 기후위기라는 거대한 시대적 과제에 직면해 도민을 정책 수용자에서 정책을 함께 설계하고 책임지는 '공동 설계자'로 격상시켰다는 의의를 갖는다.

참여한 120명의 도민이 5개월 동안의 학습과 토론을 거쳐 도출해 낸 20개의 정책 권고문은 생활 속에서 실천 가능한 기후 대응의 방

도민이 만드는 대한민국 첫 기후정책회의
기후행동 경기도 기후도민총회
기후영웅
도민이 만드는 대한민국 첫 기후정책 회의

우주에도 경기도가 있습니다!
경기기후위성
경기기후위성 발사 보고회
우주에도 경기도가 있습니다!

향을 구체적으로 보여준다. 참여 전후 도민의 기후 정책 입법 과정 이해도가 62.4%에서 90.2%로 크게 상승했고, 정책 체감도 역시 뚜렷하게 높아졌다. 직접 참여가 정책의 수용성과 신뢰성을 얼마나 강력하게 뒷받침하는지를 입증하는 결과다.

이러한 경기도의 행보는 프랑스의 '기후시민의회'Convention Citoyenne pour le Climat나 영국의 '시민숙의'Citizen's Deliberation 사례와도 궤를 같이한다. 프랑스에서는 무작위로 선발된 150명의 시민이 탄소 감축 정책을 직접 제안하고, 그 결과가 법안에 반영되는 과정을 통해 기후 정의를 실현하고자 했다. 이 실험은 전 세계적으로 시민 중심 기후행동의 중요한 기준이 되었다.

경기도 기후도민총회 또한 무작위 전화걸기RDD, Random Digit Dialing 방식을 통해 대표성을 확보한 도민이 직접 참여함으로써 특정 집단의 이해를 배제한 보편적인 도민의 삶을 기준으로 정책을 설계했다는 점에서 국제적 흐름과 맞닿아 있다. 기후도민총회의 진정한 가치는 기후위기 대응이 도민의 일상적 실천과 합의에 기반해야 한다는 '실질적 민주주의'의 확장에 있다.

경기도는 이번 성과를 바탕으로 정책 이행을 점검하고 환류하는 체계 마련을 계획 중이다. 기후도민총회의 성과를 지속할 수 있도록 국내외 지방정부 및 국제기구와의 연대를 강화해 기후 시민의회의 모델을 선도적으로 확산해 나가려 한다. 도민과 함께 만들어낸 이 목소리는 RE100을 비롯한 경기도의 기후 정책이 지속가능한 생명력을 얻고, 미래 세대를 위한 책임 있는 도정으로 나아가는 강력한 동력이 될 것이다.

이러한 경기도의 노력은 중앙정부로 이어지고 있다. 국민주권정부는 대통령 직속 '2050 탄소중립 녹색성장위원회'를 '국가 기후위기 대응위원회'로 변경하면서 '기후 시민회의'라는 국민참여 의사결정 시스템을 도입할 예정이다. 경기도의 기후도민총회 운영 경험은 국민주권정부의 노력에 디딤돌이 될 것이라 믿는다.

대한민국 경제부터
도민의 삶까지

우리나라의 경제는 구조적 전환의 문턱에 서 있다. 반도체·AI·배터리를 둘러싼 기술 패권 경쟁, 고금리와 저성장의 장기화, 산업과 일자리의 재편은 미래의 경고음에서 눈앞의 현실로 다가왔다. 경제는 움직이고 있지만, 그 성과가 지역과 도민의 삶에 충분히 닿고 있다고 보기는 어려운 상황이다.

경기도는 이 간극을 정책의 출발점으로 삼았다. 성장과 분배, 산업과 민생, 경제 전략과 생활 정책을 따로 보지 않았다. 경제의 방향이 곧 도민의 하루가 되도록 구조 자체를 재설계했다. 투자는 산업 전략으로, 산업 전략은 일자리와 지역의 변화로, 그리고 그 변화는 다시 삶의 안정으로 이어지는 선순환 구조를 만들고자 했다.

그 선택은 경제 정책에서 먼저 드러났다. '100조+ 투자 유치'는 대한민국의 다음 10년을 어떤 산업으로 준비할 것인가의 전략적 판단에 기반하는 목표 제시다. 이에 따라 산업 생태계를 유치했고, 연구·인력·기술이 함께 움직이는 구조를 선택했다. 반도체 메가 클러스터와 글로벌 앵커 기업 유치는 경기도가 국가경제 전략의 핵심축으로 기능하고 있음을 보여주었다.

성장은 특정 지역에 머물지 않도록 설계되었다. '경기북부 대개발'은 오랜 규제와 희생 속에 묶여 있던 지역을 미래성장의 거점으로 전환하는 시도였다. 산업·교통·의료·정주 인프라를 한데 묶은 구조 전환을 통해 균형발전은 '배려'가 아닌 '도약'의 언어가 되었다.

경제의 또 다른 축은 도전하는 주체들이었다. 스타트업은 경기도 경제의 중심에 놓였다. 판교를 넘어 고양과 의정부, 안양과 부천까지 이어진 창업 생태계는 도전이 특정 지역이나 배경의 특권이 아님을 보여주었다. '스타트업 천국'이라는 선언은 공간·자본·네트워크·글로벌 진출을 하나로 엮은 실행 구조를 실현했다.

민생경제 또한 정책의 중심이었다. 소상공인 '힘내GO'는 위기 앞에서 버티라는 메시지 전달 의미보다 다시 움직일 수 있는 조건을 만드는 정책이었다. 골목경제를 정책의 중심에 두며, 경제 회복의 저변을 지키고자 했다.

이 모든 변화는 도민의 삶으로 이어졌다. '더 경기패스', '360° 돌봄', '긴급복지 핫라인'에서 다양한 '청년 기회 정책'에 이르기까지 경기도의 제도들은 도민의 일상 속에서 작동했다. 교통비 부담을 덜고, 돌봄과 복지의 공백을 메우며, 위기의 순간에는 즉각적인 보호로 이어지는 정책들은 삶의 불안을 낮추는 변화로 체감되기 시작했다.

경기도가 선택한 길은 분명하다. 경제는 성장해야 하지만, 그 성장은 도민의 삶까지 고르게 닿아야 한다. 산업과 민생, 투자와 복지, 전략과 일상이 분리되지 않는 구조. 국가경제가 방향을 다시 묻던 시기, 경기도는 그 답을 숫자가 아니라 변화로, 선언이 아니라 체감으로 만들어가고 있다.

제3벤쳐붐,
경기도에서 시작합니다

대한민국의 경제 중심으로 우뚝 서다

경기도는 대한민국 경제의 심장이다. 국가경제의 진정한 성장을 위해 민선 8기 경기도는 쉼 없이 달려왔다. 전략산업에서 민생경제, 혁신성장 그리고 균형발전에 이르기까지 대한민국의 경제 전반을 이끌어 가는 경기도의 노력은 지금도 이어지고 있다.

민선 8기 경기도는 **100조+ 투자 유치**를 달성했다. AI, 반도체, 기후테크 등 다양한 산업 영역에서 활력을 높이려는 노력을 기울였다. **소상공인과 자영업자** 지원 정책, 혁신성장 주체인 **스타트업**에 대한 지원 정책도 소홀히 하지 않았다. **경기북부 대개발**을 통해 경기북부 지역이 가지는 성장 잠재력을 국가경제의 새로운 동력으로 만들기 위한 노력 역시 지속적으로 추진해 왔다.

100조+ 투자 유치를 위한
'글로벌 달달투어'

경제를 살리는 일은 언제나 복잡하다. 특히 세계경제가 동시에 흔들리는 시기라면 더 그렇다. 미·중 기술 패권 경쟁, 글로벌 공급망 재편, 고금리와 저성장, 여기에 AI와 디지털 전환까지 겹쳤다. 이런 상황에서 "잘 버텨보자"는 말만으로 지역경제를 지켜낼 수는 없다고 판단했다. 민선 8기 경기도가 '100조+ 투자 유치'라는 목표를 세운 이유다. 중요한 것은 숫자의 크기가 아니었다. '어디에, 어떤 산업을, 어떤 구조로 유치하느냐'가 핵심이었다.

과거의 투자 유치는 '기업 하나, 공장 하나'를 유치하는 방식에 가까웠다. 그러나 민선 8기 경기도는 접근법부터 달라야 한다고 봤다. 개별 기업의 입지에 중점을 두기보다 산업 전체의 흐름을 바꾸는 투자가 필요했다. 투자 유치는 산업 전략이 되었고, 산업 전략은 다시 지역의 미래를 설계하는 문제로 확장되었다. 그래서 우리는 세 가지 질문에서 출발했다.

대한민국의 잠재성장률 하락을 어떻게 막을 것인가?

경기도의 산업 지형을 어떻게 미래형으로 전환할 것인가?

투자 성과가 특정 지역이나 기업에 머무르지 않고,

일자리와 지역경제 활성화로 이어지게 할 수 있는가?

이 질문들은 투자 협상 테이블에서, 해외 기업 CEO를 만나는 자리에서, 도청의 실무 회의에서 반복적으로 확인한 기준이었다. 끝까지 "이 투자가 10년 뒤에도 의미가 있는가", "다음 세대의 먹거리가 될 수 있는가", "경기도 전체에 어떤 파급 효과를 남길 것인가"라는 질문을 놓지 않았다.

2023년 2월, 도정 연설을 통해 100조+ 투자 유치를 공식 선언했다. 이는 도정 전체의 우선순위를 분명히 밝히는 구상이었다. 투자 유치는 특정 부서의 성과를 뛰어넘는 도 전체 실·국과 공공기관이 함께 책임지는 목표가 되었다.

"가능한 더 많은 투자를 끌어와 경제를 살리고, 좋은 일자리를 만들며, 고른 기회와 더 나은 기회의 기반을 깔겠다."

성과는 예상보다 빠르게 쌓였다. 출범 이후 투자 유치 규모는 50조 원을 넘어섰고, 2주년에는 69조 원, 3주년을 앞둔 시점에는 87조 원을 돌파했다. 그리고 2025년 10월, 미국 보스턴 현장에서 총 투자 유치액 100조 563억 원을 기록하며 마침내 100조+ 목표를 조기 달성했다. 목표 선언 이후 불과 2년 8개월 만이었고, 민선 8기 임기 종료를 약 8개월 앞둔 시점이었다.

이러한 성과와 속도는 확고한 전략과 지속적인 노력의 결과였다. 기업이 필요로 하는 것은 단순한 세제 혜택이나 인센티브가 아니라 신뢰할 수 있는 행정과 예측 가능한 파트너라는 점을 정확히 읽었다. 부지, 인허가, 전력과 용수, 규제, 지역 갈등까지 한 번에 설명하고 조정할 수 있는 구조. 경기도는 그 준비가 되어 있었다.

분명 이 성과의 진짜 의미는 숫자에 있지 않다. 투자 유치의 내용과 방향에 있다. 유치된 투자의 상당 부분이 반도체, AI, 바이오, 친환경 에너지, 첨단소재, 스마트 모빌리티 등 미래성장산업에 집중되었다. 대한민국의 다음 10년, 20년을 책임질 산업들이다. 경기도는 선제적으로 투자 유치를 이끌며, 지방정부를 넘어 국가경제 전략의 전면에 서는 선택을 했다.

100조+ 투자 유치는 단일한 성과로 평가하기 어렵다. 글로벌 기업 투자 유치, 벤처 창업과 첨단산업 생태계 구축, 테크노밸리 조성, 'G 펀드'와 국가 R&D 공모를 통한 기술개발이 복합된 결과다. 기존 기업의 증액 투자와 공장 확장, 신규 투자 기업의 유입이 이어졌고, 이와 맞물려 도내 중소기업과의 협력 구조도 한층 단단해졌다.

투자 유치는 결국 좋은 일자리로 이어진다. 글로벌 기업들이 제출한 투자계획서에 포함된 직접 일자리만 7,000개에 달한다. 여기에 고용유발 효과를 더하면 약 27만 명 규모의 파급 효과가 예상된다. 국내 기업까지 포함할 경우 실제 고용 효과는 이보다 훨씬 클 것으로 기대된다.

이 모든 성과는 결코 책상 위에서 만들어지지 않았다. 취임 이후 나의 비행거리는 20만㎞를 넘는다. 지구를 다섯 바퀴 도는 거리다. '글로벌 달달투어'라 불린 세일즈 외교는 현장에서 직접 기업을 만나고, 경기도의 잠재력을 설명하며, "경기도가 끝까지 책임진다"는 신뢰를 쌓아온 시간이었다.

100조+ 투자 유치는 특정산업이나 특정 지역에 머무르지 않았다. 동부에는 친환경 복합물류단지, 서부에는 화성 국제테마파크, 북부에는 AI 기반 디지털 허브를 유치했다. 산업과 관광, 디지털을 결합해 동서남북 전반에 성장 거점을 만드는 전략이었다. 특히 경기북부는 오랫동안 수도권 규제와 역차별로 기회를 얻지 못했던 지역이다. AI 디지털 허브 유치는 이곳을 주거 위주의 공간에서 미래산업의 출

ASM
MOU
Signing ceremony
ASM
Ahead of what's next
MOU
Signing

발점으로 전환시키는 계기를 만들었다.

100조+ 투자 유치 전략의 중심에는 반도체 메가 클러스터가 있다. 반도체는 이제 국가 경쟁력과 안보를 동시에 좌우하는 전략산업으로 떠올랐다. 개별 기업 지원만으로는 글로벌 경쟁에서 살아남기 어렵다고 판단했다. 그래서 경기도는 '점'이 아닌 '면'으로 접근했다. 이로써 연구-테스트-양산-인력 양성이 하나로 이어지는 완결형 산업 생태계가 선택되었다.

용인을 중심으로 한 첨단 시스템 반도체 클러스터, 이천·용인·화성·평택·안성을 잇는 K-반도체 벨트가 그 결과다. 용인 국가산단 승인, 상수원 보호구역 해제, 대규모 용수와 전력 확보, 방류수 갈등 해결까지의 모든 과정에는 미래산업을 위해 현재의 갈등을 조정해 온 시간이 담겨 있다.

ASM, 온세미, TOK, 알박, 인테그리스, 엑셀리스 등 글로벌 반도체 앵커 기업들도 잇따라 경기도를 선택했다. 이들은 R&D와 핵심 공정을 포함한 글로벌 공급망의 요충지로 경기도를 선택했다. 특히 미국 보스턴에서 체결한 인테그리스 투자협약은 경기도가 차세대 미세공정 경쟁에서 전진 기지를 확보했다는 상징성이 크다. 엑셀리스의 평택 투자는 글로벌 초격차 기술 분야에서 아시아 거점으로 경기도를 선택했다는 의미를 갖는다.

나는 민선 8기 경기도의 경제 정책을 "많이 유치했다"는 말로 정리하고 싶지 않다. 이 성과는 경기도가 어떤 경제를 선택했고, 어떤 미래를 준비했는지를 보여주는 결과이기 때문이다. 단기적 성과에 연연하지 않고 앞으로 수십 년을 이어갈 성장의 기반을 마련했다는 점을 더 눈여겨봐야 한다. 민선 8기 경기도는 위기 앞에서 움츠러들기보다 미래산업에 과감히 투자하는 길을 택했다. 단기 재정 논리에 급급하지 않고 장기성장 논리로 움직였다. 100조+ 투자 유치와 반도체 메가 클러스터는 그 판단의 결과이자 다음 도정으로 이어질 출발선이다.

경제는 결국 사람의 삶으로 돌아와야 한다. 일자리가 생기고, 지역이 살아나며, 청년이 미래를 그릴 수 있을 때 투자 유치는 비로소 의미를 갖는다. 경기도가 만든 100조+ 투자 유치의 진짜 의미는 바로 여기에 있다.

경기도를
'스타트업 천국'으로!

2024년 1월, 다보스포럼으로도 불리는 세계경제포럼WEF에 참석했다. 전 세계 정치·경제 리더가 모이는 자리였다. 2024년 다보스포럼의 주제는 '신뢰의 재건'Rebuilding Trust이었다. 전 세계를 이끄는 리더들 앞에서 1420만 경기도민을 대표해 내가 던진 선언은 '스타트업 천국, 경기도'였다.

경기도에는 이미 대한민국에서 가장 많은 스타트업이 자라나고 있었다. 전국 120여 만 개 스타트업 중 4분의 1이 넘는 35만여 개가 경기도에 터를 잡았다. 이들이 기술을 일구고 산업의 주인공으로 성장한다면 경기도는 물론 저성장 국면에 처한 국가 경제에 새로운 활력이 될 것이 분명했다.

1997년 IMF 외환위기 속에서 1세대 벤처 기업가들이 등장했다. 이 시기 출범한 네이버와 엔씨소프트 등은 이후 글로벌 무대로 나아가는 기업으로 성장했다. 2008년 리먼브러더스 사태 역시 또 다른 전환점이었다. 플랫폼과 커머스 산업이 본격적으로 성장했고, 배달의 민족과 토스 등 혁신 기업들이 등장하며 산업 구조를 바꿨다. 이른 바 '네쿠라카배'네이버·쿠팡·라인·카카오·배달의민족로 불린 기업들은 위기 를 기회로 바꾸며 도전에 나선 기업가들의 결과였다.

'스타트업 천국'이란 무엇인가. 더 많은 청년과 기업가들이 다음 '네 쿠라카배'를 꿈꾸며 도전할 수 있는 환경이다. 실패가 좌절로 이어 지지 않고, 다시 도전할 수 있는 기반이 마련된 사회다. 아이디어와 기술, 그리고 용기만 있다면 누구나 창업에 나설 수 있는 곳이 스타 트업 천국이다.

경기도는 지난 4년간 '스타트업 천국 경기도'를 비전으로 삼고, 이 를 정책으로 구체화해 왔다. 창업이 일회성 시도가 아닌 지속가능한 선택이 되도록 생태계를 설계하는 데 정책의 초점을 맞췄다. 2023 년 10월 열린 '벤처·스타트업 비전 선포 및 상생협약식'은 이러한 정책 방향을 공식화한 자리였다. 경기도는 2026년까지 60만㎡ 이 상의 창업 공간을 조성하고, 3,000개 이상의 스타트업을 체계적으 로 지원하겠다는 목표를 제시했다.

스타트업 천국을 향한 경기도의 전략은 크게 세 가지다.

첫 번째는 클러스터링이다.

경기도는 창업 인프라가 특정 지역에 집중되는 구조를 탈피해 경기도 전 지역 어디에서나 창업에 도전할 수 있도록 공간 기반을 재편했다. 31개 시·군을 8대 권역으로 나누고, 각 권역별 핵심 거점을 중심으로 창업 혁신 공간을 조성했다. 하남·안양·부천·고양·구리·의정부·성남·수원 등에 마련된 이 공간들은 창업 초기부터 성장 단계까지 전 주기를 지원하는 인큐베이터 역할을 수행하고 있다.

권역별 창업 혁신 공간은 기초지방정부와 광역지방정부 차원의 창업 정책을 연결하는 허브로 기능하며, 정책 전달 체계의 효율성을 높였다. 이를 통해 판교에 집중되었던 창업 생태계는 북부와 서부, 동부 지역으로 점차 확산되고 있으며, 지역산업과 연계된 특화 분야 스타트업들도 등장하고 있다.

이러한 변화의 중심에는 판교테크노밸리가 있다. 판교테크노밸리는 지난 10여 년간 대한민국을 대표하는 기술·창업 집적지로 성장하며, ICT·콘텐츠·바이오·미래 모빌리티 등 첨단산업 기업들이 밀집한 혁신 거점으로 자리 잡았다. 수많은 스타트업이 이곳에서 성장해 중견·대기업으로 도약했고, 개방적 협업문화와 인재·자본·기술이 순환하는 생태계를 형성했다. 경기도는 판교테크노밸리의 축적된 경험과 성공 모델을 도 전역으로 확산시키는 것을 목표로, 권역

변화의 교실
기회의 경기
제3벤처붐, 도지사 현장의 목소리를 듣다
청년의 도전 Start!
도지사 응답 UP!
일시 : 2025. 10. 22. (수) 10:40   장소 : 2판교 G2블록 경기스타트업브릿지

별 클러스터 정책을 추진해 왔다.

두 번째 전략은 네트워킹이다.

스타트업은 기술과 아이디어만으로 성장하기 어렵다. 투자-경험-시장이 단계별로 연결되어야 한다. 경기도는 스타트업이 적절한 시점에 필요한 자원과 파트너를 만날 수 있도록 공공과 민간이 공동 참여하는 협력 구조를 구축했다.

이를 통해 대·중견 기업과 스타트업 간 협업, 기술 검증PoC·Proof of Concept, 공동사업 기획이 상시적으로 이뤄지기 시작했다. 그 결과 실제 사업과 시장 진입으로 이어지는 연결 구조가 작동하게 되었다. 스타트업은 실증 기회를 확보하고, 대기업·중견 기업은 혁신 기술을 현장에 빠르게 적용하는 선순환 구조가 형성되고 있다.

세 번째 전략은 글로벌 진출이다.

과거 벤처 기업들이 주로 국내 시장을 중심으로 성장했다면, 오늘날 스타트업은 태생부터 글로벌을 지향해야 한다. 경기도는 스타트업이 세계 시장에 도전할 수 있도록 실질적인 교두보 역할을 해 왔다.

'경기 스타트업 서밋'G-SUMMIT을 비롯한 글로벌 프로그램으로 해외 스타트업, 글로벌 투자자, 다국적 기업과의 접점을 확대했고, 해외

전시회와 현지 프로그램을 통해 경기도 스타트업들이 직접 글로벌 시장을 경험할 수 있도록 지원했다. 이 과정에서 다수의 기업이 해외 파트너십과 후속 협업 기회를 확보하며, 글로벌 진출을 현실적인 선택지로 인식하게 되었다.

지난 4년간 이러한 정책들은 드러난 수치 이상의 변화를 만들어냈다. 경기도 전반에 창업활동이 활성화되었고, 수많은 스타트업이 실제로 사업을 지속하며 고용을 창출하고 매출을 확대했다. 창업은 이제 일부 지역이나 특정 계층의 선택지에서 벗어나 누구든지 도전 가능한 현실적인 경로로 자리 잡아가고 있다.

무엇보다 중요한 성과는 구조의 변화다. 경기도는 스타트업을 지역과 산업의 미래를 함께 만들어갈 동반자로 바라보며 생태계를 설계해 왔다. 공공이 기반을 만들고, 민간이 성장의 동력이 되는 구조가 지난 4년간 점차 정착되었다.

지난 4년간의 정책 추진을 통해 스타트업은 단순한 창업 주체를 넘어 일자리 창출과 혁신성장을 이끄는 핵심 주체로 자리매김했다. 기술과 아이디어를 기반으로 한 스타트업들이 지역산업과 연결되며 새로운 사업과 고용을 만들어냈고, 이는 다시 지역산업의 경쟁력을 높이는 선순환으로 이어지고 있다. 경기도 전반에 걸쳐 스타트업이 지역산업 공동체의 일원으로 기능하기 시작했다는 점은 지난 4년간 '스타트업 천국 경기도'가 만들어 낸 가장 중요한 성과라고 할 수 있다.

소상공인 힘내GO!

지역과 국가 경제의 실핏줄인 소상공인들은 그 어느 때보다 거센 파고를 마주하고 있다. 경기 침체의 여파는 골목상권 곳곳에 생존의 위기로 다가왔고, 많은 상인에게 하루하루는 버거운 싸움의 장이 되었다.

민선 8기 경기도는 이러한 민생현장의 어려움을 외면하지 않았다. '민생경제 회복'을 도정의 최우선 과제로 설정하고 체감할 수 있는 소상공인 지원 정책을 본격적으로 추진해 왔다.

그 중심에는 과감한 금융 지원이 있다. 경기도는 '소상공인 힘내GO 카드'를 도입해 도내 소상공인 3만 명에게 최대 500만 원 한도의 운영자금을 신용카드 방식으로 지원했다. 6개월 무이자 혜택은 물론이고 연회비와 보증료 면제, 세액공제, 최대 50만 원의 캐시백까지 더해져 실제 경영 부담을 크게 낮췄다. 특히 기존의 신용등급 중심 평가에서 벗어나 매출 등 영업 실적을 반영함으로써 금융 접근이 어

려웠던 소상공인들에게 새로운 기회를 열어주었다는 점에서 의미가 크다.

침체된 소비 심리를 되살리기 위한 현장 중심 정책도 눈에 띄는 성과를 거뒀다. 전통시장과 골목상권을 중심으로 추진된 '경기 살리기 통큰 세일'은 지역 상권이 공동 참여하는 대표적인 소비 촉진 행사로 자리 잡았다. 2025년 상반기에는 역대 최대 규모인 400여 개 상권이 참여했으며, 사업 예산도 전년 대비 2.5배 확대된 100억 원으로 늘어났다. 지역화폐와 연계한 페이백 혜택은 소비자의 발길을 상권으로 이끌었고, 상인들 역시 "매출 회복을 체감할 수 있었다"고 평가하며 정책 효과를 실감했다.

지원의 문턱을 낮추려는 행정 혁신도 병행되었다. 소상공인 통합 지원 플랫폼 '경기바로'는 복잡한 서류 제출과 반복적인 방문 절차를 대폭 간소화했다. 공공 마이데이터를 활용해 최대 166개 항목의 서류를 자동으로 확인하고 모바일로 간편하게 신청할 수 있도록 시스템을 구축했으며, 그 결과 2025년 11월 기준 이용자 수는 68만 명을 넘어섰다. 이는 소상공인들이 행정 부담을 떨치고 생업에 집중할 수 있도록 돕는 구체적인 변화였다.

아울러 판로 확대를 꾀하는 실질적 지원도 이어졌다. 비대면 소비문화 확산에 발맞춰 11번가, 지마켓 등 대형 온라인 유통 채널과 연계한 기획전이 50회 이상 진행되며 수십억 원의 매출 성과를 거뒀다. 카카오스토리, 네이버밴드 등 SNS 기반 커머스 입점을 지원하여 새로운 판매 채널도 열었다. 오프라인에서는 대형 유통사와 상생 협력하는 팝업 매장을 운영하며, 2025년에만 120억 원 이상의 거래액을 기록하는 등 소상공인 제품의 경쟁력을 시장에서 입증했다.

이러한 정책의 축적은 소상공인의 경영 방식에도 분명한 변화를 만들어내고 있다. 단기 매출에 의존하던 구조에서 벗어나 온라인 판로 개척, 브랜드 경쟁력 강화, 고객 관리 등 중장기 전략을 고민하는 상인이 늘었다. 온라인 기획전과 디지털 유통 채널로 신규 고객을 확보한 소상공인들은 "매장이 골목에 있어도 시장은 전국으로 넓어졌다"고 말한다. 오프라인 유통 채널에서 검증된 제품은 다시 자체 매장과 온라인 판매로 이어지며 선순환 구조를 형성하고 있다. 경기도의 지원은 소상공인이 스스로 변화·성장하는 계기를 만들어 매출 보전 이상의 성과를 내고 있다.

민선 8기 경기도의 소상공인 정책은 일회성 지원에 머무르지 않는다. 금융-소비-행정을 유기적으로 연결해 위기 속에서도 재도전할 수 있는 기반을 마련하고, 현장의 목소리를 정책에 즉각 반영하는 '실사구시'實事求是 행정을 구현해 왔다.

지난 4년간 경기도가 투입한 5조 원 규모의 소상공인 금융 지원과 지역화폐 활성화 정책은 위기의 순간마다 든든한 버팀목이 되었다. 골목상권에 다시 온기가 돌고, 상인들의 얼굴에 웃음이 돌아올 때 경기도가 지향하는 '기회수도'의 미래 또한 한층 가까워질 것이다.

경기북부를
미래성장의 중심으로

경기북부는 잠재력과 가능성의 땅이다. 지리적 이점, 잘 보전된 자연환경, 우수한 인적 자원, 그리고 지역을 바꾸고자 하는 강한 열정까지. 나는 이 모든 것을 현장에서 직접 확인했다. 경기북부가 부족해서 멈춰 있었던 적은 없었다. 다만 수십 년 동안 국가 안보와 환경보전이라는 명분 아래 묶여 있었을 뿐이다.

대한민국의 성장 잠재력을 끌어올리기 위해 핵심산업 육성이 중요하다는 데 이견은 없을 것이다. 그러나 그것만으로는 충분하지 않다. 국토의 균형발전이 동행하지 않으면 성장의 지속성은 흔들릴 수밖에 없다. 잠재력을 갖춘 지역을 발굴하고 제때 키워내는 일. 그것이 국가 경쟁력을 높이는 가장 확실한 방법이다. 지난 선거 과정에서 "경기북부를 제대로 개발하면 대한민국 GDP를 1~2% 끌어올리는 것은 결코 어려운 일이 아니다"라고 말한 이유도 여기에 있다. 경제 전문가로서의 분석이자 확신이었다.

나는 균형발전을 '나눠주는 정책'으로 보지 않는다. 균형발전은 그동안 제약과 희생을 감내해 온 지역이 정당한 기회를 되찾는 과정이다. '경기북부 대개발'은 과거를 달래는 정책이 아니라 미래를 여는 선택이다. 특정 지역만을 배려하는 정책이 아니라, 경기도 전체의 지속 가능성을 높이고, 국가적 성장의 저변을 넓히는 결정이다.

경기북부의 문제는 단순하게 '낙후'로 치부하기 어렵다. 오랫동안 누적된 구조적 불균형의 결과다. 수도권이라는 이유로 각종 규제를 감내했고, 안보와 환경의 명분 아래 특별한 희생을 치렀다. 그러나 그에 상응하는 보상은 충분하지 않았다. 민선 8기를 시작하며 나는 스스로에게 물었다. 왜 경기북부는 언제나 '다음 순서'였을까.

이 질문의 답으로, 민선 8기 경기도는 북부 정책을 전면적으로 재설계했다. 단기 처방을 배제하고 장기적 전환을 추진하는 계획으로 접근했고, 그 결과가 바로 '경기북부 대개발 2040'이다. 이는 민선 8기 내 선제적 실행과 2040년까지의 중·장기 종합계획을 하나의 축으로 묶은 구조 전환 프로젝트다. 생활 인프라 보강에 머무르지 않고, 산업·정주·환경·특구·제도까지 아우르며 북부의 미래를 다시 그렸다.

경기북부 대개발은 세 가지 전략을 동시에 추진한다. SOC 확충, 산업 인프라 혁신, 그리고 중첩 규제 완화다. 이를 바탕으로 '도로·철도·도시 개발·일자리·정주 여건·생태 환경·규제 개선'의 7대 핵심 과제, 총 378개 세부사업을 하나의 로드맵으로 엮었다. 경기북부의 체질 자체를 바꾸려는 종합 설계다.

균형발전의 출발점은 이동권이다. 경기북부 대개발은 '고속도로 접근 10분 이내'를 목표로 격자형 순환망을 구축하고, 북부 중심 고속화도로와 서울-연천을 잇는 광역 고속도로망 확충을 추진하고 있다. 단절된 도로를 연결하고 생활 밀착형 도로를 보강해 지역 간 접근성 격차를 줄였다.

철도 역시 구조적으로 재편했다. KTX 고양·파주 연장, SRT 의정부·연천 연장, GTX A~H 확충, 3호선 파주 연장사업은 북부를 '서울의 외곽'에서 전국과 연결된 공간으로 전환하는 과정이다. 또한 출퇴근 30분 시대는 일자리, 교육, 의료 선택지를 넓히는 균형발전의 전제 조건이라고 할 수 있다.

균형발전은 결국 일자리로 증명되어야 한다. 경기북부 대개발은 전통산업 중심의 구조에서 벗어나 첨단산업 기반을 북부 전역에 분산 배치했다. 양주 회천과 남양주 왕숙의 도시첨단산업단지, 일산·양주 테크노밸리, 고양·파주의 메디컬 바이오 클러스터, 남양주의 AI 기반 디지털 허브, 포천의 방산 혁신 클러스터까지. 산업을 한곳에 몰아넣지 않고 지역의 특성과 잠재력에 맞춰 배치했다.

이 과정에서 가장 중요하게 본 기준은 '유치'보다도 '정착'이었다. 기업이 잠시 들어왔다 떠나는 개발을 지양하고, 지역 인재를 키워 지역 안에서 성장이 순환하는 구조를 만드는 것이 목표였다. 그래서 AI 캠퍼스, 인재 양성 프로그램, 창업 혁신 공간을 함께 설계했다. 경기북부를 '잠만 자는 곳'에서 일과 삶의 병행이 가능한 공간으로 바꾸려는 구상이었다.

사람이 살 수 있어야 지역은 성장한다. 경기북부 대개발은 의료·주거·행정 서비스 확충을 균형발전의 핵심축으로 삼았다. 동북부권 공공의료원 건립, 상급종합병원 지정 추진, 공공의대 신설 논의, 디지털 헬스케어 기반 구축은 의료 접근성 격차를 해소하기 위한 결정이었다.

미군 반환공여지 개발도 같은 맥락이다. 의정부 캠프 레드클라우드 등 장기간 방치되어 있던 공간을 경기도가 주도적으로 개발하며, 전국 최초로 직접 재정 지원을 도입했다. 10년간 3000억 원 규모의 기금을 조성해 토지 매입과 기반 시설을 지원했고, 개발제한구역 지침 완화와 세제 개선을 병행했다. "특별한 희생에는 특별한 보상이 필

동두천시
'70년 희생의 땅, 기회의 땅으로!'
경기도가 새로운 변화를 이끌겠습니다
미군 반환공여구역 개발 활성화 현장 간담회
2025. 10. 16.(목) | 동양대학교 동두천캠퍼스

김포시
남양주시
고양시
구리시
경기북부 잠재력을 현실

요하다"는 원칙을 제도로 구현한 사례다.

경기북부의 가장 높은 장벽은 중첩 규제였다. 그래서 경기도는 단순한 규제 완화를 넘어 특구를 통한 우회와 전환을 선택했다. 평화경제특구, RE100 특구, 기회발전특구, 경제자유구역을 추가 지정해 북부를 규제의 대상에서 실험과 혁신의 공간으로 바꾸고자 했다. 나아가 「경기북부 맞춤형 규제 완화 특별법(안)」을 마련해 제도적 기반까지 다졌다.

경기북부 대개발은 빠른 성과를 약속하지 않는다. 균형발전은 속도보다 방향의 문제이기 때문이다. 그러므로 신속한 성과 대신 되돌릴 수 없는 방향을 제시한다. 2040년까지의 장기 계획을 법과 조례로 뒷받침하고, 4년마다 점검·보완하는 구조는 실행력을 담보하는 장치다. 생산 파급 효과 약 160조 원, 부가가치 파급 효과 약 68조 원이라는 전망치는 이 방향이 만들어낼 잠재력의 크기를 보여준다.

균형은 선언으로 만들어지지 않는다. 설계와 실천으로 완성된다. 경기북부 대개발은 오랫동안 미뤄져 왔던 질문에 대한 하나의 답이다. '왜 어떤 지역은 늘 다음이었는가'를 반성하는 것이고, 이제는 그 순서를 바꾸겠다는 결단이다.

경기북부가 살아나야 경기도가 지속가능해지고, 경기도가 강해져야 대한민국의 성장도 확장된다. 그런 의미에서 경기북부 대개발은 지역 개발 정책을 넘어선다. 대한민국의 성장 지평을 넓히는 선택이며, 바야흐로 그 선택은 실행되고 있다.

| 5장 |
도민의 삶을
업그레이드하다

도민에게 중요한 것은 거대한 철학이 아니다. 하루를 살아가는 실제 삶이 중요하다. 정책이 집중해야 하는 것은 도민이 살아 숨쉬는 실제 삶의 질이다. 민선 8기 경기도는 실제 도민의 삶을 변화시키기 위한 정책에 집중하고 성과를 만들어왔다.

교통은 경기도민의 일상에 특별한 의미가 있다. 민선 8기 경기도는 **더**The **경기패스**를 통해 도민의 교통비를 절감했다. **360°돌봄**은 경기도 돌봄 체계에 혁신을 이끌었다. 위급 상황에 처한 도민이 도움을 요청할 수 있는 **긴급복지 핫라인** 역시 위기의 도민에게 경기도가 내민 손길이었다. 이외에도 다양한 **청년기회 정책**과 **경기도서관 개관** 등의 문화 정책들도 경기도민에게 더 많은 기회를 제공하고자 애쓴 민선 8기 경기도의 노력이었다.

'더The 경기패스'로
일상을 바꾸다

경기도민에게 교통은 단순히 이동수단이 아니다. 출퇴근시간, 교육 기회, 일자리 선택, 의료 접근성, 문화 향유, 가족과 함께 보내는 시간까지 좌우하는 삶의 기본 조건이다. 그러므로 교통이 불편하다는 것은 이동의 어려움은 물론 삶의 반경이 좁아진다는 의미다. 교통비 부담의 가중은 단지 비용이 좀 더 든다는 정도를 넘어 삶의 일부를 포기해야 한다는 뜻이기도 하다. 그래서 경기도에서 교통 정책은 삶의 질, 기회의 분배와 직결된다.

많은 경기도민이 오랫동안 공유해 온 경험이 있다. 서울에 사는 사람보다 하루 2시간을 길에서 더 보낸다는 탄식이다. 서울과 가까운 지리적 위치에도 불구하고 출퇴근시간은 길었고, 교통비 부담은 컸다. 이동 과정에서 소모되는 시간과 에너지는 일상의 질을 떨어뜨려 경기도민에게 교통은 편의의 문제보다도 생활의 지속가능성을 좌우하는 조건에 가까웠다.

경기도는 그래서 교통을 '중장기 인프라 계획'이나 '미래 비전'으로 미뤄둘 수 없었다. 지금 당장 도민의 삶을 바꾸는 민생 과제로 설정했다. 정책의 목표 역시 분명했다. 몇 년 뒤의 청사진에 초점을 맞추기보다 오늘과 내일의 이동을 어떻게 달라지게 할 것인가에 두었다. 이 문제의식에서 출발한 대표적 정책이 바로 '더 경기패스'다.

경기도는 수도권에서도 통행 거리가 긴 지역이다. 서울로 출퇴근하는 광역 통근 비중이 높고, 광역버스·신분당선·GTX처럼 상대적으로 요금이 비싼 교통수단을 이용하는 경우도 많다. 교통비가 월급에서 가장 먼저 빠져나가는 고정 지출이 될 수밖에 없는 구조다.

더 경기패스는 이러한 현실을 정면으로 겨냥했다. 대중교통 이용 금액의 일정 비율을 환급하는 방식은 단순한 요금 할인과 달랐다. 이동을 많이 할수록 부담이 커지는 구조를 바꾸고, 필요한 이동을 포기하지 않도록 만드는 정책이었다. 출퇴근과 통학, 병원 방문과 돌봄 이동까지 일상에서 반복되는 이동을 행정이 함께 책임지겠다는 메시지를 담았다.

효과는 빠르게 나타났다. 더 경기패스 가입자는 171만 명을 넘어섰고, 이는 전국 K-패스 가입자의 약 38%에 해당했다. 경기도민이 이 정책을 실제 생활 속에서 체감하고 있다는 명확한 증거를 나타내는

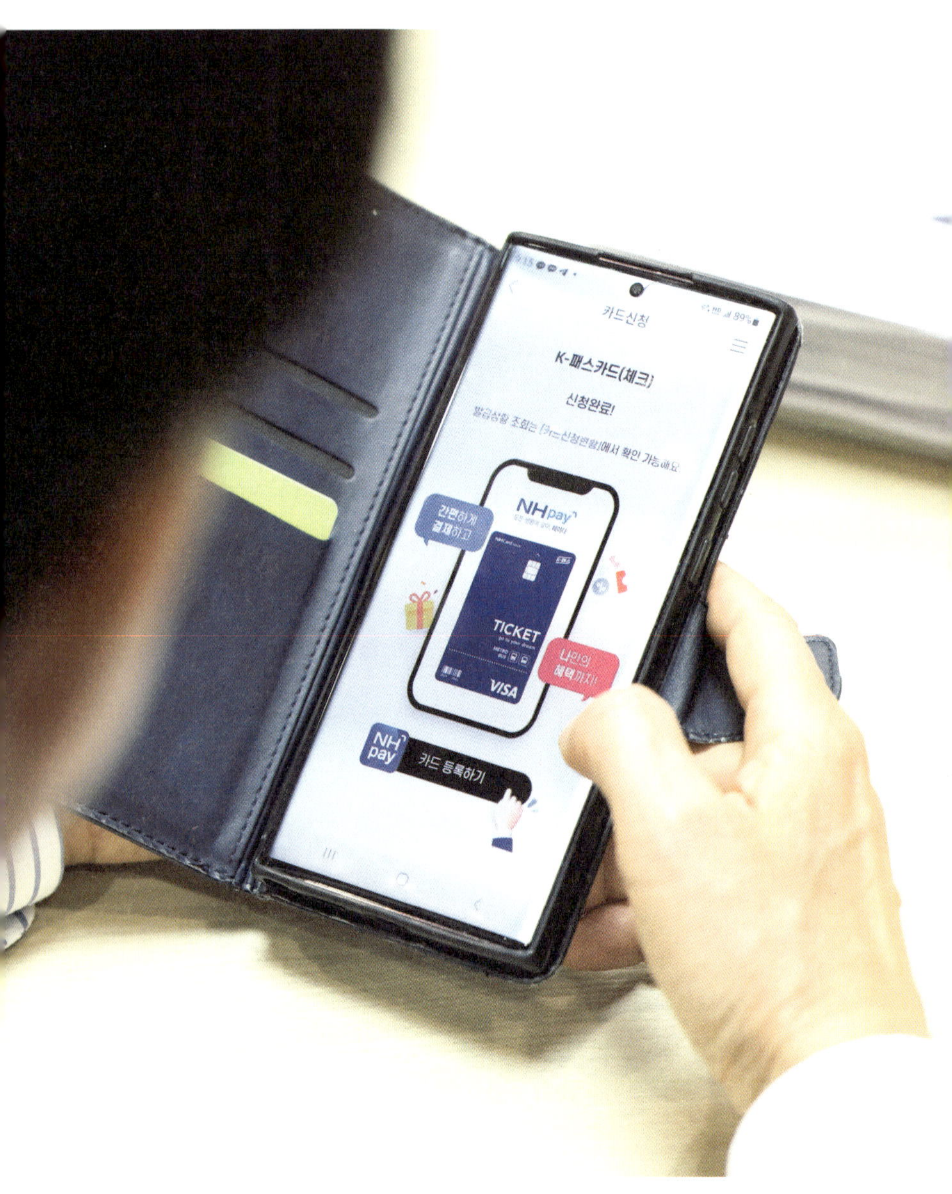

카드신청
K-패스카드(체크)
신청완료!
발급상황 조회는 [카드신청현황]에서 확인 가능해요
NHpay
간편하게
결제하고
TICKET
VISA
나만의
혜택까지!
NH pay
카드 등록하기

숫자였다. 더 경기패스의 정책 효과로 월평균 대중교통 이용 횟수는 약 10회 이상 증가했고, 이는 연간 약 22만 톤의 온실가스 감축으로 이어졌다. 교통 정책이 기후 정책과 자연스럽게 이어진 것이다.

통계보다 더 중요한 것은 도민이 체감한 변화였다. 다자녀 가구의 경우 매달 20만 원이 넘던 가족 교통비가 환급을 통해 절반가량 줄었다. 아이들의 학원 이동이나 가족 외출을 교통비 때문에 망설이는 일이 줄었다. 사회초년생 청년들은 환급 혜택으로 점심 한 끼, 문화생활 한 번의 여유를 되찾았다. 교통비를 아끼려고 약속을 줄이던 삶에서 필요한 이동을 선택할 수 있는 삶으로 바뀌었다.

이러한 변화는 특정 계층에만 국한되지 않았다. 자영업자와 프리랜서, 돌봄 노동자처럼 이동이 잦은 직업군에서도 체감 효과가 컸다. 하루에도 여러 번 이동해야 하는 이들에게 교통비 환급은 단순한 지원 이상이었고, 노동 환경을 개선시켜 주었다. 이동 비용이 줄어들면서 일정 조정의 여지가 생겼고, 이는 곧 수입과 직결되는 선택의 폭을 넓혀 주었다.

민선 8기 경기도는 더 경기패스 도입뿐만 아니라 GTX와 경기철도, 도로망 확충 등 경기도민의 교통권을 확장하기 위한 노력도 지속했다. 경기도라는 공간의 특수성에서 출발한 수요응답형 교통 서비스

'똑버스'의 운행도 늘렸다. 교통 전반을 편의 제공 측면의 시각에서 기회의 문제로 달리 바라보면서 요금 부담을 낮추고, 이동시간을 줄이며, 구조적 한계를 메우는 정책들을 동시다발적으로 추진했다.

아직 갈 길은 많이 남아 있다. 우리가 만들어 갈 경기도는 굳이 서울에 가지 않고서도 일자리·교육·의료·문화생활을 누리는 곳이다. 그러면서 필요할 때면 큰 부담 없이 서울이나 다른 지역으로 이동할 수 있어야 한다. 적어도 지금, 경기도의 교통 정책은 그 방향과 기반을 분명히 세웠다.

대한민국 복지의 지평을 넓힌
'360° 돌봄'

우리 사회에서 돌봄은 오랫동안 가족의 몫으로 남아 있었다. 부모가 아프면 자녀가 돌보고, 아이가 어리면 가족이 감당하며, 장애가 있으면 집 안에서 해결하는 것이 당연한 일처럼 여겨졌다. 그러나 이 '당연함'은 많은 가정의 일상을 무너뜨려 왔다. 돌봄은 사랑이지만, 동시에 노동이고 비용이다. 누군가를 돌본다는 이유로 한 사람의 일과 삶이 멈추는 사회는 지속가능하지 않다.

민선 8기 경기도는 돌봄을 정책의 중심에 뒀다. 고령화, 1인 가구 증가, 맞벌이 가구 확대라는 구조적 변화 속에서 돌봄은 더 이상 사적인 문제가 아니라 사회가 함께 책임져야 할 공공의 과제가 되었기 때문이다.

기존 돌봄 제도의 가장 큰 한계는 '기준 중심 행정'이었다. 연령, 소득, 가구 형태가 기준에 맞지 않으면 돌봄이 필요해도 지원받기 어려웠다. 민선 8기 경기도는 이 구조를 바꾸고자 했다. 그래서 출발한 것이 '360° 돌봄'이다.

360° 돌봄은 전방위적 돌봄을 의미한다. 소득, 연령 제한 없이 도민 누구나, 언제나, 어디서나 돌봄 서비스를 받는 전방위적 복지 정책이 바로 360° 돌봄이다.

패키지 정책인 '누구나 돌봄'은 위기 상황에 놓인 도민이라면 누구나 신속하게 돌봄 서비스를 받을 수 있도록 설계되었다. 갑작스러운 질병, 사고, 돌봄 공백이 발생했을 때 행정이 먼저 개입해 일상의 붕괴를 막는 것이 누구나 돌봄의 핵심이었다.

2024년 경기도 14개 시·군에서 시작된 이 정책은 2026년부터 경기도 31개 전 시·군으로 확대되었다. 불과 2년 사이 누적 2만 6,000명이 넘는 도민이 돌봄 서비스를 이용했고, 이용자 만족도는 95점에 달했다. 특히 1인 가구와 65세 이상 고령층이 전체 이용자의 70%를 넘으며, 돌봄 사각지대에 행정이 실제로 닿고 있음을 보여주었다.

또 다른 문제는 시간의 공백이었다. 기존 돌봄 서비스는 대부분 평일, 낮 시간에 맞춰 설계되어 있었다. 그래서 경기도는 '언제나 돌봄'을 시작했다. 야간·주말·방학 중에도 아이를 맡길 수 있는 체계, 방문형 긴급돌봄, 언제나 어린이집, 돌봄 핫라인과 플랫폼을 하나로

누구나 언제나 어디나 따뜻해지는 봄
360+ 돌봄
경기 360+ 돌봄 정책토론회

연결했다. 방문형 긴급돌봄만 해도 3만 5,000건 이상이 제공되었고, 가족돌봄수당과 아이돌봄 본인부담금 지원은 맞벌이·한부모 가구의 부담을 실질적으로 낮췄다.

가장 절실했던 영역은 최중증 발달장애인 돌봄이었다. 중증장애인 돌봄이 끊기지 않도록 '어디나 돌봄'을 시작했다. 기관과 가정 어디서나, 필요한 시간에 맞춤형 돌봄이 제공되도록 설계했다. 전국 최초로 구축된 장애인돌봄 체계였다.

2024년 한 해에만 3만 8천 명, 2025년에는 5만 명이 넘는 장애인이 지원받았다. 어디나 돌봄의 성과를 다룬 연구 결과에 따르면 장애 당사자의 사회 참여와 신체활동은 늘었고, 보호자의 돌봄시간과 소진은 크게 줄었다. 보호자 중 26.8%는 경제활동의 변화를 경험했고, 평균 소득 증가도 확인되었다. 돌봄이 가족을 묶는 족쇄에서 삶을 회복할 수 있는 조건으로 달라진 것이다.

돌봄은 공동체의 책임이다. 돌봄은 더 이상 개인의 헌신에만 맡겨둘 문제로 두어서는 안 된다. 그래서 경기도는 돌봄을 선별적 복지가 아닌 보편적 안전망으로 재정의했다. 필요할 때, 필요한 만큼, 먼저 닿는 행정. 돌봄의 부담을 공동체가 더불어 나누는 구조를 만드는 것이 민선 8기 경기도가 선택한 길이었다.

이웃이 이웃을 살리는
'긴급복지 핫라인'

2022년 8월, 수원 세 모녀의 안타까운 소식이 전해졌다. 출범 후 불과 두 달을 넘긴 민선 8기 도정에도 큰 충격이었다. 도움이 가장 절실한 순간에 행정이 닿지 못하는 현실이 적나라하게 드러났다. '복지는 시혜가 아니라 권리'라는 말이 공허하게 느껴질 만큼 제도와 삶 사이의 간극은 컸다.

이 사건은 '위기를 맞은 이웃이 어디에 어떻게 도움을 요청해야 하는지', 그리고 '우리는 내 이웃의 절박함 앞에서 무엇을 할 수 있는지'를 우리 사회에 무겁게 물었다.

"위기 상황에서 주저 없이 연락할 수 있는 단 하나의 창구가 필요하다."

이런 절박함에서 출발해, 경기도는 광역지자체 최초로 '긴급복지 위기상담 콜센터'를 구축했다. 전화 한 통, 메시지 하나로 도움을 요청할 수 있도록 핫라인을 열었다. 길고 복잡한 ARS 안내를 없앴고, 일반 휴대전화 번호인 010-4419-7722를 사용했다. 도움을 청하는 마음이 제도 앞에서 더 이상 망설이지 않게 하기 위해서였다.

제도가 시행되면서 한 가지 분명한 사실이 드러났다. 위기를 처음 발견하는 주체는 위기 상황 가까이에 있는 사람이었다. 경기도는 행정이 모든 것을 도맡는 대신 이웃이 이웃을 구할 수 있도록 연결하는 역할에 집중했다. 실제로 콜센터에 주변 이웃의 위기를 제보하는 도민이 점차 늘어났다. 그분들에게 표창을 수여하며 나는 이렇게 말했다.

"긴급복지 핫라인을 만든 이후 정말 많은 분이 전화를 주셨습니다. 오늘 오신 분들처럼 이웃의 어려움을 보고 연락을 주신 분들 덕분에 어려움에 처한 분들이 도움을 받을 수 있었습니다."

위기를 감지하는 것은 사람이었지만, 그 신호를 제도로 연결하는 것은 행정의 몫이다. 긴급복지 핫라인은 행정의 전화번호이기 이전에, 공동체의 전화번호가 되었다.

남양주에 사는 한 도민의 제보는 그 의미를 잘 보여준다. 어머니를 잃고 홀로 남은 지적장애인이 재산 정리조차 하지 못한 채 방치된 상황을 목격한 그는 망설이지 않고 긴급복지 핫라인에 연락했다. 이후 공공후견인 신청, 장애인활동 지원 서비스, 주거·의료 맞춤형 급여, 민간 후원 물품까지 연결되며 해당 이웃은 사회의 안전망 안으로 들어왔다.

안산에 거주하는 또 다른 한 도민은 암 투병으로 생계가 막막해진 2인 가구의 상황을 제보했다. 그 결과 경기도형 긴급복지 생계비와 연료비, 맞춤형 주거급여가 신속히 지원되었다. 병과 경제적 위기가 동시에 덮친 상황에서 이웃의 전화 한 통이 삶을 지탱하는 버팀목이 된 셈이다.

이 사례들의 공통점은 분명하다. 각 제보자는 전문 복지 종사자가 아닌 이웃의 어려움을 외면하지 않은 시민이었다. 경기도의 안전망은 바로 이 선택을 제도로 받아들이고, 행정으로 이어지게 했다. ‘누군가 대신해주겠지’라는 생각 대신 ‘내가 먼저 연락하겠다’는 사람들의 행동이 구조적으로 의미를 갖게 된 것이다.

긴급복지 핫라인은 시간이 지나며 더욱 발전했다. 사회보장정보 시스템과 위기 징후 빅데이터가 이 과정에 활용되었다. 2025년 1월부터 5월까지 경기도는 복지 사각지대 기획 발굴을 집중적으로 추진했다. 겨울철 에너지 위기가 예상되는 월세 취약 가구, 의료비 과다

지출이나 금융 연체가 확인된 노인 가구 등 위험 신호를 빅데이터로 포착해 행정이 먼저 접촉했다.

그 결과 복지 사각지대에 놓여 있던 위기 도민 3,047명이 지원을 받았다. 이 가운데 1,499명은 기초생활보장·차상위·긴급복지 등 공적 급여로 직접 연결되었고, 공적 기준에 들지 않았던 1,548명은 민간 지원과 타 기관 연계를 통해 위기에서 벗어날 수 있었다.

위기는 언제든 찾아올 수 있다. 적어도 경기도에서는 그 앞에서 혼자가 되지 않도록 하는 시스템이 작동하기 시작했다. 보이지 않을 때 최우선 작동하는 행정, 그리고 가장 마지막까지 남아 있는 버팀목. 이것이 민선 8기 경기도가 만들어 가고 있는 안전망의 모습이다.

'하고 싶은 거 다 해!',
청년 기회 정책

청년을 위한 정책은 많다. 그러나 청년이 '이 정책은 나를 위한 것'이라고 느끼는 경우는 드물다. 숫자로는 지원이 늘었는데, 체감은 늘 부족하다는 말이 반복된다. 나는 그 원인이 정책의 태도에서 비롯된다고 생각했다.

청년 정책의 출발점은 '지원 항목'이 아니라 '청년을 어떻게 바라보느냐'에 있다. 민선 8기 경기도가 청년 정책을 설계하며 맨 처음 바꾼 것은 이 관점이었다. 청년을 '도움이 필요한 세대'나 '관리의 대상'이라고 여기지 않고 이미 각자의 삶에서 분투하고 있는 주체로 바라봤다. 그래서 경기도의 청년 정책은 조건을 세분화하기보다 기회의 문턱을 낮추고 선택의 폭을 넓히는 방향으로 설계되었다.

'경기청년 사다리 프로그램'은 이 문제의식에서 출발했다. 해외연수 경험은 취업과 진로에 분명한 영향을 미치지만, 그 기회는 가정의 경제력에 따라 달라졌다. 어학 성적, 비용 부담, 정보 격차는 많은

청년에게 처음부터 도전 자체를 포기하게 만드는 장벽이었다. 이 장벽은 개인의 능력을 떠난 기회의 불평등에서 비롯된 구조적 문제다. 따라서 경기청년 사다리 프로그램은 과감하게 기준을 바꿨다. 어학 성적을 요구하지 않았고, 연수비·항공료·숙박비·식비까지 전액 지원했다. "해보고 싶은 마음만 있으면 도전할 수 있어야 한다"는 단순한 원칙이었다.

그 결과 프로그램은 빠르게 확장되었다. 2023년 3개국 5개 대학 약 200명에서 시작해서 2025년에는 8개국 12개 대학 약 340명으로 늘어났다. 참여 청년의 76%는 진로 방향의 변화를 경험했고, 91.3%는 진학·취업·창업 등 경로 변화에 실질적인 도움이 되었다고 응답했다.

이 사업의 진짜 성과는 구체적 통계 수치보다 청년들이 경험한 관점의 변화에서 찾을 수 있다. 자립 준비 청년, 저소득 청년, 장애를 가진 청년들이 해외 대학에서 공부하고 토론하며 스스로의 가능성을 다시 정의했다. '할 수 있을지 몰라서 포기했던 일'이 '해볼 만한 도전'으로 바뀌는 순간들이 쌓였다. 사다리는 단지 이동의 통로가 아니라 스스로를 가뒀던 자기 인식을 넘어서는 계기였다.

또 하나의 중요한 정책은 '경기청년 갭이어Gap Year 프로그램'이다. 청년 정책은 오랫동안 '빨리 취업하라'는 메시지에 갇혀 있었다. 그러나 현실은 달랐다. 번아웃, 고립, 은둔, 진로 상실을 겪는 청년이 늘어나고 있었다. 갭이어 프로그램은 "잠시 멈춰도 괜찮다"는 정책적 선언이었다. 청년이 스스로 하고 싶은 일을 탐색하고, 실패를 경험하며, 다시 방향을 잡을 수 있도록 최대 500만 원의 프로젝트 지원금과 멘토링 및 교육을 제공했다. 이 정책은 단기 성과보다 과정 자체를 존중하는 방식으로 설계되었다.

3년간 2,600명이 넘는 청년이 참여했고, 참여자의 93.2%는 "도전 경험이 미래 설계에 도움이 되었다"고 답했다. 은둔을 극복하고 에세이를 출판한 청년, 농업과 도시를 잇는 프로젝트로 실제 납품 성과를 낸 팀, 장애 경험을 사회적 의제로 확장한 청년까지. 갭이어는 실패를 자산으로 바꾸는 실험이었다.

청년들에게 다가가려면 소통이 중요했다. 나는 청년 정책을 발표하기보다 청년들의 이야기를 듣고 싶었다. 발대식, 성과공유회, 간담회, 해외 현지 대학에서의 만남에 이르기까지 직접 참여한 이유도 여기에 있다. 청년들이 자신의 언어로 경험을 말할 수 있는 자리를 만들고 싶었다.

경기도의 청년 정책에서 소통은 보여주기식 이벤트와는 차원을 달리하는 실질적 정책의 수정·보완과정이었다. 경기청년 사다리 프로그램의 안전 강화, 갭이어 멘토링 확대, 지원금 사용 범위 조정 등은 모두 현장의 목소리에서 출발했다. 청년을 정책의 동반자로 대할 때 정책은 비로소 살아 움직이기 시작한다.

민선 8기 경기도의 청년 정책이 지향하는 바는 분명하다. 청년을 보호해야 할 존재가 아니라 신뢰해야 할 존재로 대하는 것이었다. 경기도의 청년 정책은 단기 지원보다 경험과 선택의 폭을 넓히는 데 집중해 왔다. 민선 8기 경기도의 청년 정책은 청년 세대를 믿고 그들의 손을 맞잡는 과정이었다.

세상에 없던 도서관

대한민국은 문화강국이라 불린다. K-컬처가 세계의 무대에서 환호받는 장면은 이제 낯설지 않다. 그러나 문화의 성취는 몇몇 창작자나 기업의 노력만으로 완성되지 않는다. 일상 속에서 문화를 향유해 온 시민, 지역에서 묵묵히 창작을 이어온 예술인, 공동체의 시간을 지켜온 공간들이 함께 만들어 낸 결과다.

경기도는 문화를 행사나 비용 측면에서 접근하지 않고 미래를 준비하는 공공의 투자이며, 공동체의 깊이를 결정하는 토대라고 보았다. 문화는 공연과 전시를 소비하는 행위에 머물지 않는다. 생각하고 질문하며 성찰하는 힘을 기르는 과정이고, 인간의 존엄을 지탱하는 인문적 기반이다.

경기도 문화 정책은 "누가, 얼마나 쉽게 문화를 누릴 수 있는가" 하는 질문에서 출발했다. 그 철학이 가장 상징적으로 구현된 공간이 '경기도서관'이다. 경기도서관은 '세상에 없던 도서관'을 지향하며 문을 열었다. 이 말은 과장이 아니다. '더 크고 더 새로운 시설'이라는 의미와는 별개로 '도서관의 존재 이유'를 기존과 다르게 해석한 비전의 제시였다.

전통적인 공공 도서관이 정보 제공과 열람 중심의 기능에 머물렀다면 경기도서관은 사유와 실험, 토론과 창작을 중심에 둔다. 책은 출발점이지만 목적지는 책장 안에 갇혀 있지 않다. 이곳에서는 기후위기를 다루는 인문 아카데미가 열리고, AI 스튜디오에서는 AI를 활용한 창작과 탐구가 이어진다. 독서는 개인의 고요한 시간에 머무르지 않고, 토론과 협업을 통해 공적 담론으로 확장된다.

도서관은 더 이상 과거의 지식을 보관하는 창고로 존재하지 않는다. 오늘의 질문을 모으고, 미래의 가능성을 실험하는 플랫폼이다. 건축과 공간 설계 또한 이 철학을 담아냈다. 닫힌 열람실의 구조를 깨고 개방과 연결을 중심에 두었다. 동선은 자연스럽게 이어지고 분리되지 않는다. 세대와 계층, 관심사가 다른 사람들이 자연스럽게 서로의 존재를 느끼고 마주칠 수 있도록 설계되었다.

주말이면 가족과 청년, 어르신이 어우러져 공간을 채운다. 누군가는 조용히 책을 읽고, 누군가는 토론에 참여하며, 또 다른 누군가는 새로운 프로젝트를 준비한다. 서로 다른 시간이 겹치며 하나의 문화적 장면을 만들어낸다.

경기도서관은 책 읽는 사람들만 가는 곳, 준비된 사람만을 맞는 장소가 아니다. 누구나 환대받고 배제되지 않으며 미완의 생각이라도 펼쳐볼 수 있는 공공의 실험실이다. 실패해도 괜찮고, 질문을 던져도 어색하지 않으며, 새로운 시도를 주저하지 않아도 되는 공간이다.

세상에 없던 도서관이란 결국 전에 없던 태도를 구현한다. 사람을 믿고, 질문을 존중하며, 함께 사유하는 힘을 공동체의 자산으로 삼겠다는 태도. 경기도서관은 그 태도를 공간으로 옮긴 약속이다.

경기도의 문화 정책은 이제 일상으로 확장된다. '경기 컬처패스'는 문화 경험의 문턱을 낮추는 장치다. 영화와 공연, 전시와 체험활동을 보다 쉽게 연결해 문화 향유가 도민 일상의 권리가 되도록 했다.

'평생독서 프로젝트' 또한 같은 방향을 향한다. 매일의 독서를 기록하고 이어가며 사유의 습관을 삶 속에 뿌리내리게 하는 시도다. 빠르게 변하는 시대일수록 질문하는 힘이 더욱 중요하다는 믿음에서 출발했다.

경기도서관이 문화의 깊이를 넓히는 중심이라면 경기 컬처패스와 평생독서 프로젝트는 문화의 저변을 확장하는 길이다. 공간과 제도, 일상과 사유가 함께 움직일 때 문화는 비로소 공동체의 힘이 된다.

문화라는 이름의 미래는 거창한 구호로 열리지 않는다. 그것은 한 사람의 일상에서 시작된다. 그리고 그 일상의 한가운데에 세상에 없던 도서관이 있다.

Part 2

달려갈
4년

앞으로의 4년은 지난 성과를 반복하는 시간이 아니다. 경기도가 만들어 온 변화가 '가능한 정책'에 머무르지 않고, 도민의 삶 속에서 확실한 변화로 완성되는 시간이다. '코스피 5000 시대'는 주가 상승만의 변화를 의미하지 않는다. 그것은 대한민국의 경제가 저평가 구조의 틀을 부수고 제도와 산업, 미래에 대한 신뢰를 바탕으로 한 진정한 가치를 평가받기 시작했다는 신호다. 이러한 변화의 흐름 속에서 경기도 역시 새로운 단계로 진입하고 있다.

민선 7기부터 물꼬를 튼 경기도의 '유능한 생활진보'는 마침내 완성의 단계로 나아가야 한다. 윤석열 정권의 역주행 속에서도 경기도는 도민의 삶을 지켜 왔다. 이제 국민주권 정부의 국정 제1동반자로서 '완전히 새로운 나라'를 만드는 데 앞장설 책임을 통감한다. 앞으로의 4년, 경기도는 말을 내세우는 대신 변화로 답할 것을 약속한다. 그 핵심은 도민이 불안에 떠밀리지 않고, 자신의 조건과 속도에 맞게 삶을 선택할 수 있도록 만드는 일이다. 한 마디로, '나답게 사는 삶'이다.

생활비 걱정 없이
나답게 사는 경기도

지난 4년간 경기도가 유치한 100조 원이 넘는 투자는 드디어 실행과 성과의 단계로 나아간다. 계획은 공사가 되고, 약속은 일자리가 되며, 투자는 도민의 일상에 닿을 것이다. '360° 돌봄', '더The 경기패스'와 같은 정책은 벌써 경기도에서 삶의 변화를 체감하는 출발점이 되고 있다.

그동안 성장을 통해 기회를 넓혀 왔고, 돌봄으로 삶의 위험을 완화해 왔다. 성장은 사회의 가능성을 확장시키는 힘이었고, 돌봄은 그 과정에서 발생하는 불안을 덜어내는 안전망이었다. 두 과제는 모두 필요했고, 여전히 중요한 가치다. 현재 중요한 것은 성장과 돌봄의 성과가 단순한 지표의 개선에 머무르지 않고 각자가 자기 삶을 스스로 선택할 수 있는 힘으로 이어지도록 정책의 방향을 한 단계 넓히는 일이다.

경기도는 성과를 쌓는 지역을 넘어서 가치를 증명하는 지역으로 나아가야 한다. 경기도는 대한민국의 축소판이자 미래를 먼저 시험하는 공간이다. 무엇보다 경기도의 힘은 사람에게 있다. 도민 한 사람, 한 사람이 자신의 가능성을 삶 속에서 온전히 펼칠 수 있도록 길을 열어줄 때 '나답게 사는 세상'은 현실로 다가온다.

사람이 나답게 산다는 것은 단순히 하고 싶은 일을 하는 문제로만 좁힐 수 없다. 어떤 집에 살지, 어디로 이동할지, 누구를 어떻게 돌볼지와 같은 가장 기본적인 삶의 선택을 스스로 결정할 수 있을 때 가능해지는 문제다. 삶의 방향은 거창한 목표보다 이러한 일상의 결정에서 만들어진다.

현실에서 이 선택들은 안타깝게 늘 생활비라는 장벽 앞에 놓인다. 삶의 핵심적인 결정들이 개인의 능력이나 의지보다 비용에 의해 좌우될 때 나답게 산다는 말은 점점 공허해진다. 생활비 문제는 개인의 절약이나 인내로 해결되기 어렵다. 때문에 주거·교통·돌봄처럼 삶을 유지하는 데 필수적인 영역에서 과도한 부담이 개인에게 전가될수록 선택의 자유는 줄어들고 삶의 경로는 좁아진다. 더 나은 선택을 할 수 있는 여지가 사라질 때 사람들은 포기하는 법부터 배우게 된다. 이때의 불안정한 삶은 개인의 실패로 치부할 수 없으며 사회가 공동 책임을 져야 할 구조적 문제로 떠오른다.

그동안 사회가 보장해 온 최소 기준은 '버틸 수 있는 수준'에 머물러 있었다. 최소한의 주거, 최소한의 이동, 최소한의 돌봄은 위기를 넘기기 위한 장치로 기능했을 뿐 삶을 설계할 수 있는 토대가 되지는 못했다. 이제

는 '인간다운 존엄을 지킬 수 있느냐'를 기준으로 사회가 다시 질문해야
한다. 안정적인 주거 공간, 감당 가능한 이동, 믿고 맡길 수 있는 돌봄은
특별한 혜택이 아니라 누구에게나 필요한 삶의 출발선이다.

주거·교통·돌봄은 서로 다른 영역처럼 보이지만, 도민의 하루를 가장 크
게 소모시키는 비용과 시간이라는 점에서 긴밀하게 연결되어 있다. 집
값과 임대료에 쫓기지 않고, 이동에 하루의 상당 부분을 빼앗기지 않으
며, 돌봄의 부담으로 삶이 멈추지 않게 하는 것. 이는 삶을 스스로 이끌
수 있는 조건을 회복하는 일이다. 그래야 비로소 일, 관계, 휴식 사이의
균형을 맞출 수 있다.

이러한 문제의식 속에서 경기도는 주거·교통·의료와 돌봄에 드는 비용
을 낮추는 방안을 꾸준히 고민해 왔다. 개별 정책은 하나의 수단일 뿐 목
적은 분명하다. 도민이 생활비에 매여 선택을 포기하지 않도록 하고, 각
자의 삶을 자신의 기준으로 설계할 수 있도록 하는 것이다. 이는 특정 계
층을 위한 시혜가 아니라 도민 모두의 삶을 안정시키는 사회적 투자다.

'생활비 걱정 없이 나답게 사는 경기도'는 더 나은 복지를 넘어 삶을 바

라보는 관점의 전환을 의미한다. 비용 때문에 삶의 가능성이 제한되지 않는 사회, 선택의 출발선이 지나치게 기울어지지 않은 사회를 만들겠다는 약속이다. 경기도는 도민 한 사람, 한 사람이 자신의 삶을 주체적으로 선택할 수 있는 조건을 만드는 데서 출발하고자 한다. 이것이 민선 9기 경기도가 제시하는 새로운 삶의 기본이며, 모두가 나다운 삶을 살아갈 수 있도록 하려는 철학이다.

| 6장 |
주거비 반값 시대를 향해
경기도

집은 지친 하루를 내려놓고 다시 내일을 준비하는 공간이어야 한다. 그러나 지금의 집은 누군가에게는 자산 증식의 수단, 또 다른 누군가에게는 감당하기 어려운 부담이 되어버렸다. 집이 안식처가 아니라 불안의 근원이 되는 현실에서 우리는 질문해야 한다. 집은 누구를 위한 것인가.

집값이 아니라 사람들이 매달 실제로 지출하는 주거비를 반값으로 낮추는 **주거비 반값 시대**를 여는 것이 새로운 전환의 출발점이다. 또한 **주거품질보장제**를 도입해 일정 수준 이상의 주거 기준을 제도적으로 보장하고자 한다.

경기도형 기본주택 10만 호 공급 역시 이러한 전환의 연장선에 있다. 이에 더해 **노후계획도시 리본**REBORN **프로젝트**는 도시의 주거 환경과 기능을 함께 재구성해 미래 수요에 부응하려 한다.

주거비는 낮추고,
주거기준은 높이고

집값은 매일 뉴스에 등장하지만, 주거비는 말없이 사람의 삶을 잠식한다. 집값은 오를지 내릴지 토론의 대상이 되지만 주거비는 매달 자동이체로 빠져나간다. 월세와 대출 이자, 보증료, 관리비, 이사비, 그리고 언제 다시 집을 옮겨야 할지 모른다는 불안까지 포함한 비용이다. 많은 사람이 집값을 문제로 말하지만 실제로는 주거비가 삶의 선택을 제한한다.

경기도의 한 청년 1인 가구를 떠올려 보자. 월 소득 250만 원, 역세권 원룸에서 보증금 1,000만 원에 월세 70만 원을 부담한다. 여기에 보증금 대출 이자와 보증료 등 금융 비용을 더하면 체감 주거비는 80만 원을 훌쩍 넘는다. 소득의 3분의 1 이상이 주거에 쓰인다.

이 상태에서 결혼과 출산, 이직이나 창업을 이야기하기는 쉽지 않다. 이는 개인의 절약이나 선택으로 해결할 수 없으며 주거비 구조의 문제로 접근해야 한다.

정책의 초점도 집값이 아닌 주거비 구조를 낮추는 데 맞춰야 한다. 매달 빠져나가는 고정지출을 줄이지 않고서는 삶의 선택지를 넓힐 수 없다. 이를 위해 '주거비 반값 패키지'라는 실행 전략을 제시한다. 집주인에게 월세를 절반으로 하라고 요구하지 않으며, 시장을 억지로 누르겠다는 선언과는 거리가 멀다. 주거비를 구성하는 요소를 하나씩 분해하고, 그중 정책으로 조정 가능한 부분을 정확히 겨냥해 체감 부담을 절반 수준으로 낮추겠다는 계산에 기반한 설계다.

주거비 반값 패키지는 월 80~90만 원을 부담하고 있는 주거비를 40만 원대로 줄이는 구조를 만드는 것, 고정지출의 흐름을 재설계하는 것이 핵심이다. 월세 일부를 낮추고, 금융 비용을 줄이며, 계약 단계의 위험을 공공이 분담하면 통장에 실제로 남는 돈이 생긴다.

주거 정책의 성과는 집값보다는 주거비에서 '남는 돈'으로 증명되어야 한다. 매달 40~50만 원이 남는다면 1년이면 500만 원, 4년이면 2000만 원이다. 결혼 자금이 되고, 창업의 종잣돈이 되며, 미래를 선택할 여유가 되는 돈이다.

이미 존재하는 주거 지원 제도를 하나의 통합 패키지로 묶는 것이 필요하다. 없었던 것을 새롭게 만드는 방식을 요구하지는 않는다. 지금까지의 문제는 정책의 부재가 아닌 연결의 부재에서 비롯했다.

청년·신혼부부 월세 지원, 전세자금 대출이자 보전, 임차보증금 보증료 지원, 전세임대사업 등은 각기 작동하며 흩어져 있다. 또한 개인이 지원을 받으려면 각 제도별로 따로 신청해야 했다. 주거비 반값 패키지는 이처럼 분산된 주거 지원 제도를 한 번의 신청으로 연계해 고정지출과 금융 비용을 동시에 낮출 수 있다. 결합 효과를 만들어 주거비 구조가 달라지는 경험을 제공하는 것이다.

여기에 더해 계약 단계의 공공 검증과 보증을 강화해 전세 사기와 같은 위험 비용을 낮추는 데도 중점을 둔다. 더 비싼 집을 선택하게 하거나 잦은 이사를 반복하도록 만드는 숨은 비용을 줄이는 것, 불안감을 해소해주는 것 역시 주거비를 절감하는 정책이다.

이와 함께 주거의 '질'을 함께 높이는 단계로 나아가야 한다. 법률이 정한 최저 주거 조건은 가구 인원에 따라 최소 면적과 필수 설비, 환경 기준 등을 제시하고 있다. 하지만 그 조건만으로 삶의 질과 존엄한 생활을 보장하기에는 분명한 한계가 있다.

현재의 최저 주거 환경은 면적과 설비 중심의 최소 생존 조건을 가늠할 뿐 안전성·접근성·주거비 부담·삶의 안정성까지 담아내지 못한다. 조건을 충족하고 있음에도 불안정한 삶이 제도 밖에 놓이는 이유다. 이제 정책의 목표는 '최소 주거'가 아니라 '적정 주거'로 전환되어야 한다.

적정 주거 조건은 집의 크기나 설비 여부에만 국한되지 않는다. 침수와 화재로부터의 안전성, 고령자와 장애인을 고려한 접근성, 단열과 환기 상태, 과도하지 않은 주거비 부담, 생애주기에 맞는 공간인지까지 함께 살피는 종합적 조건이다.

중요한 것은 이 조건이 단속이나 규제의 잣대가 아니라 지원과 연계의 기준으로 작동해야 한다는 점이다. 즉 더 나은 삶의 선택지로 옮겨갈 수 있도록 돕는 기준이어야 한다.

이를 실행하는 방식이 바로 경기도형 '주거품질보장제'다. 개별 가구의 적정 주거 환경을 점검·개선·연계하는 실행 체계를 말한다. 주거품질보장제로 기준에 미달하는 가구에는 문턱 제거, 욕실 개보수, 단열·환기 개선 등 단계적인 주거 환경 개선을 지원하고, 개선만으로 해결이 어려운 경우에는 공공임대 연계와 이주 비용 지원을 통해 적정 주거로 옮겨가도록 도울 수 있다. 퇴거를 강제하지 않고 이동을 가능하게 하는 제도다.

주거비 반값 패키지와 주거품질보장제는 주거 불안을 해소하고 개별 주거 환경을 개선하기 위한 핵심 주거정책이다. 하지만 여기서 그쳐서는 안 된다. 시장 전체의 공급 구조가 바뀌어야 주거 불안이 해소된다. 정책은 개별 지원을 넘어 구조를 바꾸는 단계로 나아가야 한다. 공급 전략의 재설계가 그 구조 전환의 핵심이다.

집 사용권 보장을 위한
10만 호 기본주택

"부동산 문제를 해결하기 위해서는 불안 수요를 줄여야 한다. 주택을 구매하지 않더라도 살 수 있는 길을 열어줘야 하는데, 그게 바로 경기도 기본주택이다."

2020년 9월, 당시 이재명 경기도지사는 이러한 문제의식 아래 '경기도 기본주택'을 처음 제시했다. 집을 사고파는 자산이 아니라 거주하는 공간으로 바라보는 관점의 전환을 공론화했다.

이 발언의 배경에는 경기도의 분명한 현실 인식이 있었다. 전체 가구의 약 36%에 이르는 중산층 무주택자, 이들은 기존 공공임대주택 체계로는 충분히 포괄되지 못한 채 주거 불안에 놓여 있었다. 공공주택이 취약계층 중심의 정책에 머무르는 한 다수의 무주택자는 여전히 '내 집 마련' 외에는 선택지가 없는 구조였다.

「공공주택 특별법」 개정 지연 등으로 민선 7기 당시 기본주택이 대

경기도
GYEONGGI-DO
경기도 주택공급 확대 및
신속 추진방안
적정한 주택공급 유지
다양한 주거지 개발 확대
80만호 주택 공급
도심지 주택공급
신속 사업 추진

규모 공급으로까지 이어지지는 못했지만, 기본주택은 중요한 질문을 남겼다. 집을 소유하지 않아도 안정적으로 살 수 있는 사회는 가능한가, 다시 말해 '집 사용권이 제도적으로 보장되는 사회는 어떻게 만들어야 하는가'라는 질문이다.

5년이 지났다. 윤석열 정권의 역주행도 끝났다. 정주행의 시대로 들어선 지금이야말로 새로운 '경기도형 기본주택'을 다시 추진할 때다. 이는 민선 7기 경기도 기본주택이 제시했던 '보편적 주거 모델' 철학을 계승하면서도 구체적 실행 규모와 방식까지 명확히 하는 확장 전략이다.

이제 2030년까지 경기도형 기본주택 10만 호와 주택 80만 호 공급이라는 담대한 목표를 분명하게 제시한다.

'집 사용권'이란, 주택을 소유하지 않더라도 장기간 안정적으로 거주하며 삶의 계획을 세울 수 있는 권리를 의미한다. 거주 기간이 보장되고, 임대료 변동이 예측 가능하며, 필요하다면 자산 형성으로도 이어질 수 있는 권리 구조다. 소유 여부와 관계없이 주거 안정이 확보되는 상태, 그것이 집 사용권의 핵심이다.

공급 확대는 단지 집을 늘리는 데 그치지 않고 임대료 상승 압력을 구조적으로 낮추는 방법이다. 시장에 충분한 선택지가 존재할 때 가격은 공포심리가 아닌 시장 경쟁에 의해 합리적으로 결정된다.

앞서 경기도는 국민주권정부의 주택공급대책에 발맞춰, 2030년까지 총 80만 호 주택 공급이라는 대규모 물량 전략을 발표했다. 이는 정부의 도심 공급 확대 기조와 궤를 같이하면서도 경기도가 현장에서 실질적으로 집행 가능한 실행계획으로 구체화한 전략이다.

80만 호 공급 목표는 단순히 수치로만 제시되지 않았다. 공공과 민간이 역할을 분담하는 다층적 공급 체계를 통해 신규 택지 개발과 도심 고밀 개발, 기존 주택 매입·전환 공급을 병행하는 구조로 달성하게 된다.

1기 신도시 재정비와 노후 원도심 활성화, 공공청사 복합 개발 등을 속도감 있게 추진함으로써 도민이 선호하는 입지에 양질의 주택을 적기에 공급하고, 중장기적인 공급 기반 또한 착실히 확충해 나갈 것이다.

기본주택 10만 호는 이 80만 호 주택 공급계획안에 포함된 선도적인 모델이다. 집 사용권이라는 새로운 주거 패러다임을 구체화하는 상징이기도 하다. 다시 말해 80만 호 공급이 주거 불안 해소를 위한 물량 기반이라면, 기본주택 10만 호는 그 안에서 집 사용권이 실제로 작동하는 기준을 제시하는 핵심축이다.

이를 실현하려면 먼저 주택 정책의 대상을 확장해야 한다. 경기도형 기본주택은 주거 취약계층만을 대상으로 하는 공공임대주택에 머무르지 않는다. 청년, 자녀를 둔 가구, 중장년과 노년에 이르기까지 생애주기 전반의 무주택자를 포괄하는 보편적 주거 모델이다. 취약계층 주거 지원은 공공의 기본 책무로 유지하되 중산층이 실제로 선택할 수 있는 평형과 품질, 지속가능한 운영 수익 구조를 함께 설계함으로써 더 많은 도민의 주거권을 실질적으로 높이려 한다.

공급 방식에서도 전환이 필요하다. 지분을 단계적으로 축적하는 지분적립형 주택, 토지와 건물의 소유를 분리해 초기 진입 부담을 낮추는 토지임대부 주택, 부동산 투자신탁REITs을 활용한 공공임대 모델은 모두 소유 중심 구조를 완화하면서 집 사용권을 강화하는 수단이다. 이는 '당장 소유'를 배제하고 '살면서 축적'하는 새로운 주거 경로를 제시한다.

경기도형 기본주택 10만 호 공급은 공공의 직접 건설만으로는 한계가 있다. 기존 주택을 공공이 매입해 전세나 장기 공공임대로 공급하고, 노후 주택을 정비해 재공급하는 방식이 병행되어야 한다. 상가나 사무실 용도로 묶여 있던 오피스텔을 주거용으로 전환하는 것 또한 현실적인 대안이다. 낡은 규제로 활용되지 못한 공간을 청년 맞춤형 주거 공간으로 전환하는 방식도 충분히 가능하다.

이미 계획된 2·3기 신도시와 테크노밸리 부지를 유연하게 활용하는 방안 역시 중요하다. 이는 주택 공급과 함께 주거·일자리·생활이 결합된 도시 구조를 만들어 주거 사다리로 기능하게 한다.

이 모든 과정을 실행할 핵심 주체는 경기주택도시공사GH다. GH는 단순한 시행기관을 넘어 주거를 운영하는 공공 혁신가로 거듭나야 한다.

민선 8기 '경기도형 창업특화주택'은 그 가능성을 이미 보여주었다. GH가 주택을 매입해 창업 지원 시설과 공동 운영하고, 임대 수익의 일부를 다시 창업 서비스에 투자하는 구조는 새로운 공공 모델로서 주거와 일자리를 동시에 해결할 수 있다.

경기도가 약속하는 주택 80만 호 공급의 핵심은 도민의 삶을 실질적으로 지키는 집 사용권의 확립이다. 집 사용권 시대는 결코 공허한 선언만으로 오지 않는다. 집을 짓는 공급 구조부터 운영 방식, 그리고 이를 책임지는 공공의 역할까지 통째로 바꿀 때 비로소 도민의 일상이 달라질 수 있다.

경기도는 정부와 함께 호흡하며 공급의 속도를 높이는 동시에 경기도가 직접 책임지는 기본주택 10만 호를 통해 '소유'의 개념을 벗어난 '거주'와 '존엄'의 시대를 실현할 것이다. 이것이 경기도가 그리는 주거 정의이며, 도민의 평온한 일상을 위한 가장 확실한 응답이다.

1기 신도시를 스마트도시로,
'노후계획도시 리본_{REBORN} 프로젝트'

주거비를 낮추고, 주거의 기준을 바꾸었다면 이제 남은 과제는 공간이다. 도시의 구조가 바뀌지 않으면 주거 정책의 전환도 절반의 성공에 그친다. 공급 구조를 바꾸는 것은 새집을 짓는 문제뿐만 아니라 이미 형성된 도시를 미래 기준에 맞게 다시 설계하는 일까지 포함한다.

1기 신도시는 국가와 국민 사이의 약속이었다. 1980년대 후반, 대한민국은 폭등하는 집값과 만성적인 주택 부족이라는 심각한 국가적 위기에 직면해 있었다. 당시 정부는 '주택 200만 호 건설'이라는 계획을 통해 아파트 공급에 숨통을 틔우며 새로운 삶의 모델을 제시했다.

그렇게 30년이라는 세월이 흘렀다. 나라의 약속은 낡은 건물과 만성적인 주차난, 심각한 층간소음 속에서 서서히 빛을 잃어가고 있다. 녹물이 섞여 나오는 수도관과 잦은 엘리베이터 고장 등 일상적

OUT
P
3

인 불편은 이제 주민들의 기본적인 주거권과 안전을 위협하는 수준에 이르렀다. 최신 공법으로 지어지는 인근 신도시들을 지켜보며, 국가의 약속을 믿고 묵묵히 자리를 지켜온 주민들은 깊은 실망감과 상대적 박탈감을 느끼고 있다.

시장 구조를 바꾸는 것만으로는 이 문제를 해결할 수 없다. 기존 도시를 미래 기준에 맞게 재설계해야 한다. 그래서 '노후 계획도시 리본REBORN 프로젝트'를 추진한다. 이른바 노후한 주거 환경을 획기적으로 개선하는 주거 안정 프로젝트다.

민선 8기 경기도는 도민의 목소리를 놓치지 않았다. 1기 신도시 재정비 지연의 우려를 정책 현장에 반영하려는 노력을 꾸준히 이어왔다. 정부의 계획 수립이 늦어지면서 주민들의 걱정이 컸을 때 경기도는 선제적으로 움직여 국회와 정부를 설득했다. 그 결과 2023년 말, 「노후계획도시정비법」이 국회를 통과하는 데 결정적인 역할을 했다. 특히 경기도의 건의로 이 법은 1기 신도시를 포함해 약 45만 가구가 거주하는 수원 영통, 고양 화정 등 도내 13개 노후 택지지구까지 그 범위가 대폭 확대되었다.

아울러 행정 절차에 걸리는 시간도 단축했다. 계획 수립 단계부터 도가 미리 참여하여 내용을 조율하는 시스템을 도입해서 각 시청이 계획을 세운 뒤 도에 승인을 요청하던 기존 방식에서 벗어났다. 이를 통해 통상 6개월 이상 걸리던 정비기본계획 승인 기간을 3개월로 줄였으며, 2025년 5월에는 1기 신도시 5곳 전체의 계획 승인을 완료했다.

주민들과의 소통도 강화했다. 주민들이 실제로 원하는 도시를 만들어 가려는 노력의 일환이었다. 2024년 11월에는 가장 먼저 정비를 시작할 15개 선도지구를 선정했다. 또한 주민설명회와 협치위원회를 통해 적정한 용적률과 기반 시설 확충에 대한 도민의 의견을 직접 듣고 이를 실제계획에 반영했다.

민선 8기 경기도정은 1기 신도시를 살기 좋은 미래도시로 바꾸는 기반을 다지는 과정이었다. 교통 체증 문제를 해결하고자 광역교통망 연계와 미래형 모빌리티 도입 등을 고려했으며, 이 과정에서 발생하는 이익이 지역 전체의 기반 시설 확충으로 이어질 수 있는 공공 기여 방안도 꼼꼼히 마련했다.

노후 계획도시 리본 프로젝트는 긴 호흡이 필요한 사업이다. 앞으로도 경기도는 1기 신도시를 포함한 신 수도권 구상을 꾸준히 실천해 나갈 것이다.

7장

수도권 출퇴근을
1시간 이내로

교통비는 도민 삶에 부담을 주는 생활비 중 하나다. 매일매일 지출하는 교통비에 더해 꽉 막힌 출퇴근길에 사용하는 시간까지 더하면 그 지출은 상당한 규모다. 늘어나는 교통비 부담을 덜어주는 교통 정책이 도민의 삶을 위해 가장 시급한 이유다.

GTX A에 이어 GTX B, C, 더 나아가 G, H 노선까지 **본격적인 GTX 시대**를 하루빨리 여는 것이 경기도의 당면 과제다. **수도권 광역지하도로**U-way 건설을 통해 도민이 도로 위에서 허비하는 시간을 줄여주는 정책 역시 필요하다. 이에 더해 민선 8기 도민 만족도 1위 정책인 **더**The **경기패스**의 두 번째 시즌도 시작해야 한다. KTX와 일반철도, 시외버스도 더 경기패스에 포함하면 대중교통의 비용을 절감하고 이용 편의를 향상시킬 수 있다.

본격 GTX 시대를
앞당긴다

GTX 사업 최초로 A노선이 개통했다. 이는 경기도민을 비롯한 수도권 주민의 삶을 혁신적으로 변화시켰다. 수서~동탄 구간은 GTX로 약 20분이면 이동할 수 있다. 승용차로는 45분, 버스로는 75분가량이 소요되는 구간이다. GTX 개통으로 승용차 대비 약 55%, 버스 대비 약 73%의 이동시간 단축 효과가 나타났다.

GTX 1기, 2기, 그리고 플러스 사업이 모두 시행된다면 경기도에서 서울 주요 거점으로의 평균 통행시간은 60분 이내로 줄어들고, 경기도 전체 읍·면·동의 50% 이상이 서울과 1시간 생활권으로 묶이게 된다. 이전과는 전혀 다른 새로운 수도권이 탄생하는 셈이다.

이같은 전망에도 불구하고 기존 GTX A·B·C 3개 노선은 여전히 개통과 착공이 지연되고 있다. 구체적으로 GTX A노선 전체 개통까지는 약 4년이 남아 있고, GTX B·C 노선 착공도 1년 이상 지연될 가능성이 크다. 개통 및 착공 지연의 핵심 원인은 재원 문제다. 공사비

상승에 따른 자금조달 지연, 수익성 악화와 같은 요인에 의한 민간 사업자 이탈 등이 복합적으로 작용하고 있다.

GTX는 대규모 사업이다. 사업의 규모나 운영 단계의 지속성 등을 고려할 때 추진 단계에서 일정 수준 어려움이 생길 수밖에 없다. 하지만 그렇게 시간이 지체되는 만큼 수도권 외곽 주민들이 감내해야 할 일상의 불편도 누적되고 있다는 점을 외면할 수 없다. 이제는 공공이 나서서 해법을 찾아야 하는 이유다.

경기도는 GTX 사업 추진의 핵심 당사자다. 경기도민 대상 여론조사에서도 70% 이상이 교통 문제 해결을 위해 GTX가 필요하다고 응답했다. 경기도가 주도적으로 GTX B·C 노선의 사업 지연 원인을 세밀하게 점검하고, 현실적인 대안을 제시해야 한다. 특히 최근 물가 상승으로 공사비가 증가하는 등 현장의 어려움이 가중되고 있다면 국비와 도비의 분담 비율을 기존 안으로만 고집할 이유가 없다. 경기도 차원의 추가 재정 지원을 포함해 중앙정부에 더 적극적인 해결을 요구해야 한다.

경기도 차원에서 재원 마련이 쉽지 않다면 도민이 참여해 프로젝트를 추진하는 방식도 충분히 검토해볼 만하다. 10장에서 자세히 소개하겠지만, 경기도가 제안하고 도민이 투자해 민간자본과 함께하는

'도민성장 공유 모델'을 GTX 사업에도 적용할 수 있다.

GTX 플러스 G·H 노선 추진 역시 중요하다. 기존 노선의 개통이 최우선적 과제인 것은 분명하지만, 중장기계획 단계에서는 신규 노선의 준비를 병행해야 한다. 경기 동북부 포천과 인천광역시를 연결하는 G노선, 경기 서북부 파주와 경기 남동부 위례를 잇는 H노선은 그동안 상대적으로 소외되었던 경기북부의 교통 접근성을 획기적으로 개선한다는 점에서 중요한 의미를 지닌다. 이에 더해 현재의 서울 관통 노선은 물론이고 수도권 각 지역을 연결하는 새로운 노선 구상에 대한 상상력도 필요하다.

GTX는 경기도민 삶의 질을 획기적으로 개선할 수 있는 사업이다. 수도권의 만성적인 교통 혼잡을 완화하고, 서울과 경기 지역 간의 이동시간을 단축해 도민 생활 편의를 대폭 향상시킬 수 있다. 그뿐만이 아니다. GTX는 수도권 전체의 공간 구조를 재편하고, 경제적 경쟁력을 강화하는 핵심 인프라이기도 하다. 본격적인 GTX 시대 개막은 '새로운 수도권'을 더 빠르게 현실로 만들어 줄 것이다.

지하도로 'U-Way'로
만성 교통체증을 푼다

2021년 기준 경기도민의 승용차 분담률은 66.1%다. 서울 35.8%에 비해 약 1.8배 높은 수준이다. 반면 대중교통 분담률은 서울이 54.5%인데, 경기도는 25.9%에 그친다. 상대적으로 넓은 면적에 인구가 흩어져 있어 철도와 전철 인프라 확충에 한계가 따르기 때문이다.

승용차 분담률이 높고 대중교통 분담률이 낮으므로 경기도의 혈관인 자동차도로는 이미 동맥경화 상태다. 승용차 이용 비율이 높을수록 도로 사용량도 늘 수밖에 없고, 그 결과는 경기도 도로의 만성적인 정체로 이어진다. 2023년 기준 평일 수도권 고속도로 정체 구간 비율은 31.7%로, 전국 고속도로 정체 구간 비율 7.7%의 네 배를 훌쩍 넘는다. 경기도민은 지금도 수도권 내의 일상적 이동을 하려면 고속도로 위에서 대부분의 시간을 보내야 하는 형편이다.

경기도 도로의 꽉 막힌 동맥경화를 치료할 방법은 무엇일까? 신규 도로를 만들기에는 용지가 부족하고, 토지 보상 비용도 지나치게 높다. 도로 확장과 신설이 쉽지 않은 조건에서 완전히 다른 해법이 필요하다. 그 답을 찾으려면 땅 위에서 땅 아래로 시선을 돌려야 한다. 김포~강화, 고양~파주, 의정부~양주, 구리~남양주, 하남~광주, 과천~안양, 광명~시흥 등 상습 정체 구간의 교통량을 지하도로로 분산한다면 경기도 차원의 광역교통 문제 해결에 획기적인 진전을 이룰 수 있다.

이 7개의 도로망은 이미 도로용량을 초과한 상태다. 혼잡도 기준을 넘어선 지도 오래다. 이들 도로의 교통량을 지하도로로 분산하면 경기도민의 하루에 30분의 여유가 생긴다. 경기도민에게 하루 30분은 단순히 출퇴근시간의 단축만을 의미하지 않는다. 그것은 노동의 질, 삶의 의욕, 그리고 행복할 권리와 직결된 시간이다. 이동권의 문제는 곧 시간의 문제이고, 나다운 삶을 살아갈 수 있는 권리의 문제다.

경기도가 국토교통부의 수도권 제1순환선, 경부·경인 고속도로 지하화사업과 연계하여 수도권 주요 지역을 연결하는 도로의 지하화사업을 추진할 것을 제안한다. 앞서 추진된 사업 등을 참고하면, 광역도로 지하화사업에는 대략 1㎞당 1000억 원 내외의 비용이 소요된다. 수십조 원이 들어가고 운영에도 막대한 비용이 들어가는 GTX 사업과 비교하면 수도권 광역 지하도로는 운영비 부담이 낮아 상대적으로 사업 추진이 용이한 것도 장점이다.

수도권 광역 지하도로사업 추진 방식은 다양하게 설계할 수 있다. 재정 부담을 완화하고 사업 기간을 줄이기 위해 수익자 부담 원칙에 입각한 유료화 방안도 검토할 만하다. 또는 10장에서 자세히 소개할 '도민성장 공유 프로젝트'를 적용해, 도민이 인프라 조성 자금에 직접 투자하고 수익을 공유하는 모델도 현실적인 대안으로 고려할 필요가 있다.

'U-Way'수도권 광역 지하도로. 이는 상상만으로 그쳐서는 안 되는 계획이다. 상상을 현실로 만들 경험과 역량, '도민에게 하루 30분의 시간을 돌려드려야 한다'는 절박함이 필요하다. 경기도와 서울을 잇는 주요 거점 도로를 광역 지하도로로 연결해 통행량을 분산한다면 상습 정체에 발목 잡힌 도민의 삶은 분명히 달라질 수 있다.

'더The 경기패스',
시즌 2로 확장!

'더 경기패스'는 민선 8기 경기도의 가장 성공한 정책 중 하나다. 가입자만 171만 명에 달하며, 전국 K-패스 가입자의 약 38%가 경기도에서 사용하고 있다. 더 경기패스 도입 이후 경기도민의 월평균 대중교통 이용 횟수는 약 10회 이상 증가했다. 더 경기패스는 대중교통 사용을 촉진하면서도 실질적인 교통비 부담을 줄여준 정책이었다.

민선 8기 도정 만족도 1위 정책이지만 여전히 더 큰 확장의 가능성을 가지고 있다. 이 제도가 한 단계 더 도약하기 위해 '더 경기패스 시즌 2' 추진을 제안한다. 요점은 분명하다. 경기도에 거주하는 주민이라면 어디에서, 어떤 교통수단을 이용하든 동일한 혜택을 누릴 수 있는 환경을 만드는 것이다.

더 경기패스 시즌 2 정책은 단순히 지원 대상을 늘리는 데 초점을 맞추고 있지 않다. 교통수단별로 분절되어 있던 이용 경험을 하나의 생활권 기준으로 재구성하는 시도다. GTX와 버스 중심의 기존 체계를 넘어 철도와 시외 이동까지 포괄하는 수도권 통합 교통 복지 모델로 발전시키는 것이 목표다. 이는 K-패스의 일부 기능을 보완하는 수준 이상으로 이용자 중심의 교통 기본권을 경기도 차원에서 한 단계 끌어올리는 정책적 진화다.

예를 들어보자. 버스를 타고 수원역까지 이동한 뒤 기차로 서울역에 간다. 다시 지하철로 환승하면 세 번에 걸쳐 각각 요금이 부과된다. 교통수단이 바뀌면 이용 요금을 적용받는 시스템도 완전히 달라진다. 하지만 수요자 입장에서 바라보면 모두 하나의 이동을 구성하는 연결된 교통 서비스일 뿐이다. 사업자가 다르고, 요금 체계가 다른 것은 공급자의 논리다.

이제 행정은 수요자 시선에서 교통을 재설계해야 한다. 경기도라는 하나의 생활권 안에서 이용하는 교통수단이라면 서비스와 혜택 또한 하나로 이어져야 한다. 그러므로 지금의 공급자 중심 교통 체계는 혁신이 필요하다.

더 경기패스는 시즌 2를 통해 적용 범위를 과감하게 넓혀야 한다. GTX와 버스 같은 태그 방식 교통수단에 더해 KTX·일반철도·시외버스 등 발권형 교통수단까지 지원 대상에 포함시키는 방향이다. 아울러 수도권 내 교통수단 간 환승 할인 체계도 함께 구축하는 것이 필요하다. 서로 다른 결제·정산 방식을 하나의 통합 정산 체계로 연결함으로써 경기도민이라면 어떤 교통수단을 이용하든 동일한 기준의 서비스와 지원을 받는 환경을 만들 수 있다. 이는 기술적으로도 충분히 구현 가능하다.

민선 8기 경기도는 늘 행정 수요자 중심의 혁신을 강조해 왔다. 행정이 공급자의 편의에 안주할 때 그 불편은 고스란히 도민에게 전가된다. '누가 운영하느냐'보다 중요한 것은 '누가 어떻게 이용하느냐'다. 도민을 중심에 두고 고민하고, 기존의 관성을 깨뜨려야 새로운 길이 열린다.

8장

언제나, 누구나,
어디서나 돌봄

저출산·고령화 시대, 돌봄의 문제는 더 이상 개인의 문제일 수 없다. 아이에서 노인, 일상의 건강에 이르기까지 돌봄이 어느 특정 계층의 문제로 남아 있어서는 안 된다. 사회가 함께 고민하고 해결해야 할 우리 모두의 문제다.

언제나 어린이집을 경기도 전역으로 확대하여 아이를 키우는 모든 가정에 보편적으로 제공하자. 또한 노인돌봄의 새로운 표준을 제시하기 위한 **경기도립요양원 설립**을 제안한다. 경기도립요양원은 돌봄 서비스는 물론 돌봄 노동에서도 존엄을 갖춘 새로운 표준을 만들어 나갈 것이다. 여기에 더해 일상적 건강 돌봄 정책인 전 도민 **AI 무료 암 진단과 정신건강 지원**을 시작하고자 한다.

365일 24시간 운영되는
'언제나 어린이집' 확대

대한민국에서 아이를 낳아 키운다는 건 언젠가부터 하나의 거대한
도전이 되었다. 맞벌이 부부는 늘 아슬아슬한 줄타기를 하며 하루를
보낸다. 퇴근 직전 잡힌 긴급회의, 밤늦게 들려오는 가족의 다급한
사정, 부모의 갑작스러운 질병처럼 예측할 수 없는 상황은 언제든
발생할 수 있다. 그러나 지금까지의 공적 돌봄 시스템은 이러한 '긴
급 상황'에 충분히 유연하지 못했다.

육아는 공백을 허락하지 않는다. 하지만 기존 어린이집은 정해진 운
영시간을 넘겨서는 이용이 어렵고, 부모나 친인척의 도움을 기대하
기도 쉽지 않다. 민간 베이비시터는 비용 부담이 크고 구하기도 어렵
다. 무엇보다 아이를 남에게 맡길 때의 불안감이 여전히 존재한다.

경기도는 '부모가 어떤 상황에 처하더라도 아이만큼은 안전하게 보
호받을 수 있어야 한다'는 원칙을 가지고 '언제나 어린이집'을 시작
했다. 365일 24시간 운영되는 이 서비스는 맞벌이 부부는 물론이고

갑작스러운 사정이 생긴 모든 부모가 시간에 구애받지 않고 아이를 맡길 수 있도록 설계된 긴급돌봄 안전망이다.

언제나 어린이집은 시행 초기부터 뜨거운 반응을 얻었다. 이용자 조사에서 90%가 넘는 높은 만족도를 기록하며, 이 정책이 부모들의 절실한 필요에 정확히 부응하고 있음을 보여줬다. 다만 서비스 만족도에 비해 운영 규모는 아직 충분하지 않다. 2025년 말 기준, 경기도 언제나 어린이집은 12개 시·군에서 단 14개에 그치고 있다.

이 규모로는 경기도 전체 돌봄 수요를 감당하기 어렵다. 거주지 인근에 시설이 없어 먼 거리를 이동해야 하거나 예약이 어려운 사례도 발생하고 있다. 아무리 좋은 정책이라도 긴급한 상황에서 1시간 이상 이동해야 한다면 실질적인 안전망이 되기 어렵다.

도민의 만족도가 확인된 정책이라면 이제는 과감한 확장이 필요하다. 언제나 어린이집을 2030년까지 100개소로 확대하는 목표를 제시한다. 다만 단계적이고 안정적인 확산이 중요하다. 수요를 감당할 수 있도록 숫자를 늘리는 것과 병행해 도민의 신뢰 속에서 제도로 자리 잡는 것이 중요하다.

먼저 2027년까지를 '도약기'로 설정해 현재 14개소를 30개소까지 만들고, 주요 거점 지역 중심으로 돌봄 안전망의 기반을 마련한다. 이어 2028년 '성장기'에는 50개소까지 늘려 경기도 내 모든 시·군에 최소 1개소 이상의 긴급돌봄 거점을 마련한다. 이 단계에서는 도민 대부분이 생활권 내에서 언제나 돌봄을 이용할 수 있는 접근성을 확보하는 것이 핵심이다.

2029년 '확산기'에는 70개소까지 확대해 주요 생활권마다 촘촘한 돌봄망을 구축하고, 2030년 '완성기'에는 100개소 운영을 통해 경기도 전역에서 24시간 돌봄이 하나의 보편적인 공공 서비스로 자리 잡도록 한다. 경기도 어디에 살든 아이를 맡길 곳을 찾지 못해 노심초사하는 일이 없도록 하는 것이 궁극적인 목표다.

언제나 어린이집을 확대해 나가려면 민간 어린이집과의 파트너십이 필수적이다. 24시간 운영은 어린이집에도 큰 부담이기 때문에 공공의 적극적인 지원이 필요하다. 리모델링 비용과 교구 구입비를 지원하는 '초기 환경 개선비'를 제공하고, 야간 및 공휴일 운영에 따른 인건비와 운영 보조금을 뒷받침해야 한다. 어린이집이 경영 걱정 없이 돌봄에만 집중할 수 있는 토대를 공공이 함께 만들어야 한다.

이용자의 편의를 획기적으로 높이기 위한 디지털 전환도 중요하다. 스마트폰 앱을 통해 언제나 가까운 어린이집의 운영 현황을 실시간으로 확인하고, 즉시 예약할 수 있도록 해야 한다. 결제와 이용 내역 확인까지 가능한 통합 플랫폼은 바쁜 부모들의 접근성을 크게 높여 줄 것이다.

긴급돌봄의 확대는 우리 사회에 새로운 상식을 제시한다. 아이를 키우는 일이 더 이상 개인의 몫이 아니라 사회가 함께 책임지는 일이라는 인식이다. 이는 육아 책임의 공적 전환이며, '한 명의 아이를 키우는 데 온 마을이 필요하다'는 공동체의 오랜 지혜를 현대적으로 되살리는 일이기도 하다.

노인돌봄의 새로운 표준,
'경기도립요양원'

경기도는 대한민국에서 가장 빠르게 늙어가고 있는 지역이다. 2025년 기준 경기도 31개 시·군은 이미 고령화 또는 초고령 사회에 진입했다. 특히 연천·양평·가평과 같은 지역은 고령인구 비중이 50%에 육박하고, 2038년경에는 경기도 전역이 초고령 사회로 전환될 것으로 예상된다.

늘어나는 노인인구는 단순한 통계 수치를 떠나 우리가 감당해야 할 돌봄의 무게가 그만큼 커졌다는 의미로 다가온다. 노인돌봄은 언제까지 개인의 효심이나 가계의 부담에 맡길 수 없으며, 국민 삶의 존립과 직결된 사회적 과제가 되었다. 그러나 돌봄을 둘러싼 현실은 여전히 충분히 준비되지 못했다.

현재 우리나라 노인돌봄은 사실상 민간이 전담하고 있다. 2022년 기준 전국 노인요양시설 3,771개소 중 국공립시설은 15개소에 불과하다. 고작 0.4%다. 그러므로 99% 이상이 민간 운영에 맡겨진 구조다. 경기도 역시 상황은 크게 다르지 않다. 2025년 기준 경기도 내 10개 시·군이 설립한 공립 노인요양시설들조차 모두 민간 법인이 위탁 운영하고 있는 것으로 파악된다.

민간 운영보다 공공의 부재가 문제다. 민간은 구조적으로 수익성과 효율을 고려할 수밖에 없고, 그 결과는 돌봄의 불평등이나 서비스 질의 편차로 나타나기도 한다. 때로는 인권 침해나 방임, 부실 운영 문제로 이어지며 요양시설에 대한 사회적 불신을 키우고 있다.

많은 어르신에게 요양시설은 안식처로 여겨지지 않고 가기 싫은 두려움의 대상이 되었다. 부모님을 모실 시설을 찾아야 하는 가족은 '어디가 더 좋은가'가 아니라 '어디가 덜 나쁜가'를 고민해야 하는 현실에 놓여 있다.

민간돌봄은 우리 사회에 반드시 필요한 협력자다. 공공이 모든 돌봄을 직접 담당할 수는 없다. 그러나 공공이 기준을 세우지 않고 책임을 다하지 않는다면 그 부담과 위험은 결국 도민에게 돌아갈 수밖에 없다. 이제 노인돌봄에도 경기도가 직접 나서야 한다.

이를 위해 '경기도립요양원' 설립이 필요하다. 경기도립요양원은 경기도사회서비스원이나 경기도의료원 등 공공기관이 직접 운영하여 서비스의 질과 책임성을 동시에 확보하는 노인돌봄 모델이다. 우선 경기 남부와 북부에 1개소씩 경기도립요양원을 설립해 도민에게 공공 요양의 기준을 제시하고, 운영 표준을 확립해야 한다. 이후 권역별 확대, 시·군 단위 확산으로 이어지는 단계적 추진을 통해 노인돌봄 영역 전반의 공공 책임성을 강화할 수 있다.

직영 도립요양원의 가장 직접적 효과는 '책임성 강화'다. 공공기관이 운영 주체가 되어 수익성보다 서비스의 질과 도민 만족도를 우선 지표로 삼고, 문제가 발생했을 때 즉각 책임지고 대응하는 체계를 구축할 수 있다.

경기도립요양원은 돌봄 노동의 기준을 바꾸는 출발점이라는 인식도 필요하다. 법적 최소 기준을 넘어서는 '경기도형 공공돌봄 표준'을 제시해야 한다. 요양보호사 1인당 돌봄 대상 인원을 줄이고, 노동 환경을 개선함으로써 더 세심하고 인간적인 돌봄이 가능해질 것이다.

궁극적으로 경기도립요양원은 시대에 맞는 돌봄의 기준을 선도하는 공간이 되어야 한다. 돌봄을 받는 어르신이 중심이 되고, 돌봄을 제공하는 노동자가 존중받는 공간. 돌봄에 묶여 있던 가족의 시간을 되돌려주고, 불안을 덜어주는 공간이다. 이러한 기준이 확산될 때 경기도립요양원의 가치는 분명해지게 된다.

이제 우리 사회의 돌봄 패러다임을 '효율'에서 '존엄'으로 전환해야 한다. 어르신들께는 삶의 마지막까지 품격을 잃지 않는 환경을, 돌봄 노동자들에게는 고용 안정과 권익을 보장하는 구조를 만들어야 한다. 경기도립요양원이 지향하는 종착지는 사람이 사람답게 대접받는 사회, 가난이 위험이 되지 않고 돌봄이 고통이 되지 않는 사회를 만드는 데 있다.

AI 무료 진단으로
암·치매 걱정 끝!

돌봄은 특정 세대에만 해당되는 문제가 아니다. 건강은 개인의 문제를 넘어 가족과 사회 전체 삶의 질을 좌우하는 가장 중요한 조건이다. 암과 치매 같은 질환은 우리 일상 속에서 늘 마주하는 위협이며, 그에 따른 경제적·심리적 부담은 한 가정의 삶을 통째로 흔들기도 한다.

대표적인 질환으로 유방암을 들 수 있다. 유방암은 우리나라 여성암 중 발생률 1위를 차지한다. 특히 '젊은 유방암' 발병률은 미국과 유럽보다 두 배 이상 높은 것으로 알려져 있다.

치매 역시 심각하다. 우리나라 65세 이상 치매 환자가 97만 명에 이르며, 그중 약 20%인 19만 5,000명이 경기도에 거주하고 있다. 치매 환자 한 명을 돌보는 데 연간 3000만 원 이상이 소요되는 현실은 공공의 적극적인 대응을 요구한다.

일상적 돌봄과 건강 영역에서 새로운 해법을 모색해야 한다. 그 대안 중 하나가 인공지능AI 기술의 활용이다. AI는 이미 의료 현장에서 질병을 빠르고 정확하게 탐지하는 도구로 활용되고 있다.

경기도가 'AI 암·치매 무료 진단 서비스'를 추진한다면 도민은 비용 부담 없이 첨단 의료기술의 혜택을 누릴 수 있게 된다. 특히 국가 건강검진 체계와 연계해 운영한다면 재정 부담을 줄이면서도 도민 건강을 실질적으로 개선하는 예방 중심의 돌봄 서비스를 구축할 수 있다.

정신건강과 치매 관리 영역에서도 AI 활용 가능성은 크다. 예를 들어 디지털 바이오마커 분석 기술을 활용하면 보행 속도나 보폭의 변화, 대화 속 발화 속도와 어휘 다양성 등을 분석해 인지 저하의 신호를 조기에 발견할 수 있다. 이러한 데이터를 축적하고 활용하면 치매 위험을 사전에 관리하는 체계를 구축할 수 있다.

이와 더불어 24시간 돌봄을 지원하는 AI 케어 매니저 '기억 돌봄이' 운영도 검토 가능하다. 중앙치매센터의 데이터를 기반으로 검색증강생성RAG, Retrieval-Augmented Generation 기술을 적용하면 치매 상담, 질환 정보 제공, 돌봄 가이드 안내 등 다양한 서비스를 제공할 수 있다. 이는 치매 환자와 가족, 정신건강 지원이 필요한 도민에게 언제

어디서든 도움을 받을 수 있는 새로운 돌봄 방식이 될 것이다.

기술의 목적은 사람을 향해야 한다. 경기도가 제안하는 다양한 정책은 최첨단 기술 도입에 머물지 않고 '인간의 얼굴을 한 AI', '사람 중심의 대전환'이라는 시대정신과 그 궤를 같이한다. AI라는 첨단 도구를 통해 질병의 공포로부터 자유로워지고, 돌봄의 무게를 사회가 함께 나누는 것이 경기도가 그리는 미래 복지의 모습이다.

불평등 걱정 없이
나답게 사는 경기도

"불평등은 공동선을 파괴한다."

토마 피케티와 마이클 샌델의 이 진단은 오늘 우리가 체감하는 현실이다. 경제는 성장했지만 삶은 나아지지 않았고, 노력해도 제자리에 머무는 듯한 좌절이 반복된다. 이는 불평등이 사회 전반의 신뢰를 잠식하고 있다는 신호다. 공동체에 갖는 믿음이 무너지면 성장도 지속될 수 없다.

'나답게 사는 경기도'의 두 번째 조건은 불평등 문제 해결이다. 불평등은 출발선과 기회의 차이이며, 미래를 선택할 수 있는 자유의 격차다. 이 간격을 줄이지 못하면 개인의 노력은 구조 앞에서 좌절되고 사회는 점점 더 닫힌 구조로 굳어진다.

불평등을 개인의 문제로 돌려서는 안 된다. 오늘의 격차는 능력이나 성실함의 결과와는 동떨어진, 서로 다른 조건에서 출발하도록 만든 구조에서 비롯된다. 출발선이 다르면 도전의 비용과 실패의 위험도 달라지고, 그 차이는 시간이 지날수록 고착된다. 그래서 격차 해소는 공정성의 문제가 아니라 사회의 지속가능성을 좌우하는 핵심 과제다.

경기도는 '불평등은 삶의 특정 순간에서 가장 선명하게 드러난다'고 본다. 사회에 첫발을 내딛는 청년이 출발선 앞에서 멈춰서는 순간, 일할 의지는 있지만 기회에서 밀려나는 순간, 그리고 소득이 끊기며 노후의 불안이 시작되는 경계가 바로 그 지점이다.

이 생애의 고비에서 격차를 방치하면 불평등은 개인의 실패로 굳어지고 회복은 더욱 어려워진다. 이 순간들을 외면하지 않는 것이 바로 지방정부가 존재하는 이유다.

'청년 사회출발자본', '기본일자리', '도민연금' 등 전 생애에 걸친 소득·기회 보장은 이러한 생애의 단절을 연결하려는 정책이다. 이는 특정 집단을 위한 시혜가 아니라 불평등을 개인의 책임으로 떠넘기지 않겠다는 사회적 약속이다. 출발이 늦어도, 중간에 흔들려도, 노후에 불안해지더라도 다시 설 수 있는 최소한의 조건을 공공이 함께 책임지겠다는 선택이다. 격차를 방치하지 않는 행정이야말로 가장 현실적인 성장 전략이다.

더 나아가 경기도는 '도민성장 공유 프로젝트'라는 새로운 해법을 제안한다. '경기도민 인프라펀드', '경기도민성장펀드', '햇빛소득마을'은 성장의 과정과 결과가 소수에 집중되지 않도록 하고, 공공 투자와 지역 자산에서 발생하는 이익을 도민과 나누기 위한 정책 실험이다. 이를 통해 도민은 정책의 수혜자를 넘어 성장의 성과를 공유하는 주체이자 공공 경영의 참여자로 자리매김하게 된다.

성장의 방식이 바뀌지 않으면 불평등은 반복된다. 경기도의 도민성장 공유 프로젝트는 격차를 사후에 보완하는 정책이 아니라 애초에 불평등이 확대되지 않도록 성장의 구조 자체를 바꾸려는 시도다. 불평등을 방치하지 않는 사회에서는 재도전이 가능해진다.

출발선이 달라도 끝이 정해지지 않은 사회, 실패해도 다시 시작할 수 있는 구조 위에서만 '나답게 사는 삶'은 현실이 된다. 경기도는 격차 해소를 성장과 지속가능성의 출발점으로 삼는다. 불평등 걱정 없이 미래를 계획할 수 있는 경기도, 지금 반드시 만들어야 할 새로운 삶의 기본이다.

9장

격차사회 멈출
브레이크 밟기

양극화와 격차 해소는 우리 사회에서 공정의 가치를 세우기 위
한 중요한 목표다. '공정'은 민선 7기부터 국민주권정부까지 이
어진 핵심 가치이며, 지속가능한 대한민국을 위한 사회적 목표
로 반드시 이뤄야 한다.

우리 사회의 기울어진 운동장을 바로잡으려는 경기도의 정책
제안은 크게 세 가지다. 먼저, 주어진 자산과 상관없이 사회에
첫발을 내딛는 모든 청년에게 최소한의 출발자본을 보장하는
청년 사회출발자본이다. 누구라도 일하기를 원하는 도민이라
면 일자리를 통해 소득을 보장받을 수 있는 **기본일자리** 정책에
더해 **도민연금** 역시 양극화와 불평등 문제 해소 정책이다.

'부모 찬스'가 아니라
'경기 찬스'로 출발!

한 문화기획자의 페이스북 글을 본 적이 있다. "자금은 어떻게 마련하나요?"라는 질문에 그는 이렇게 답했다. "자기 착취로 해결합니다." 이 말은 개인적 각오처럼 들리지만, 사실은 구조의 고백에 가깝다. 누군가는 부모의 지원으로 출발하고, 누군가는 자신을 소진시키며 버틴다. 그리고 많은 청년은 그조차 감당하지 못한 채 출발선 앞에서 멈춘다.

경기도에서 만난 두 청년의 삶은 이 차이를 분명히 보여준다. 한 청년은 풍족한 가정에서 자라 안정적인 교육 경로를 밟았고, 다른 청년은 학자금 대출과 아르바이트 사이에서 선택지를 하나씩 포기해왔다. 두 삶의 간극은 노력의 차이라기보다 출발자산의 차이였다.

불평등은 이렇게 조용히 작동한다. 소득의 격차는 자산의 격차로 이어지고, 자산의 격차는 다시 다음 세대의 출발선을 갈라놓는다. 통계는 이 현실을 반복해서 확인해 준다. 청년의 자가점유율은 낮아지고,

독립 후 첫 주택을 마련하기까지 걸리는 시간은 계속 길어지고 있다. 부모의 지원 없이는 '기본적인 선택'조차 어려운 사회가 되었다.

이 같은 상황에서 사회는 무엇을 해야 할까. 청년에게 더 큰 노력을 요구하는 대신 최소한의 공정한 출발을 보장할 수는 없을까. 이 질문에서 출발한 것이 '청년 사회출발자본'이다. 청년 사회출발자본은 사회가 청년에게 처음으로 건네는 자산이다. 일회성 지원이나 생활비 보조 성격과는 다르다. 삶의 방향을 선택할 수 있게 하는 출발자본이다. 생애 전환기 자신의 선택을 가능하도록 뒷받침함으로써 기본사회에 한 걸음 더 다가서게 된다. 청년 사회출발자본의 구체적인 설계는 다음과 같다.

우선 대상은 경기도에 거주하는 청년 가운데 기준 중위소득 120% 이하 가구의 청년이다. 모든 청년을 포괄하되, 출발선의 격차가 가장 큰 집단에 우선적으로 개입하겠다는 선택이다. 지원 시점은 만 20세, 사회 진출을 앞두고 고민스러운 여러 결정을 내려야 하는 시기다.

지원 규모는 1인당 총 1000만 원이다. 이 금액은 단번에 지급되지 않는다. 만 20세부터 2년에 걸쳐 매년 500만 원씩 나누어 지급한다. 이는 단기 소비로 소진되는 것을 막고, 계획적인 사용을 유도하기 위한 장치다. 재정 여건에 따라서는 청소년기부터 소액을 적립해 만

20세에 일괄 지급하는 방식도 병행할 수 있다.

이 자본에는 분명한 원칙이 있다. 아무 데나 쓸 수 있는 돈이 아니라는 점이다. 사용 용도는 주거 보증금, 대학 등록금과 학자금 상환, 자격증 취득 비용, 창업 초기 자금 등으로 제한된다. 다시 말해, 오늘의 생계에 쓰이지 않고 내일을 설계하는 데 들이는 자본이다.

이 제도는 청년을 관리하거나 통제하려는 취지를 담고 있지 않다. 어떤 선택을 할지는 전적으로 청년의 몫이다. 다만 그 선택을 '해볼 수 있는 조건'을 사회가 함께 만들어 주자는 것이다. 자발적 선택의 자유로 경쟁할 수 있도록 출발선을 조금이라도 공정하게 만드는 것, 그것이 정책의 목표다.

세계 여러 나라가 이전부터 비슷한 시도를 하고 있다. 영국의 아동 신탁기금Child Trust Fund, 미국에서 논의 중인 베이비본드Baby Bonds 정책은 모두 같은 문제의식에서 출발한다. 인생의 중요한 분기점에서 결정적 선택을 가능하게 하는 자본이 '불평등의 대물림을 끊는 가장 효과적인 개입'이라는 공통된 인식이다.

경기도는 이 실험을 시작할 충분한 이유를 가지고 있다. 청년 기본소득을 통해 '불가능해 보이던 정책'이 사회적으로 논의되는 과정을 이미 경험했다. 국가 단위에서 망설여지는 정책이라면 지역이 먼저 길을 만들 수 있다.

"청년답게 도전하라"는 말이 공허하지 않으려면 전제가 필요하다. 도전할 수 있는 조건, 실패해도 다시 선택할 수 있는 최소한의 안전 망이다. 청년 사회출발자본은 그 조건을 만드는 정책이다.

물론 이 정책 하나로 불평등이 획기적으로 해소되지는 않는다. 부동 산과 금융자산이 축적된 가정이 대물림하는 격차를 단번에 좁히기 에 1000만 원은 턱없이 적은 금액일 수도 있다. 그러나 사회출발자 본의 의미는 격차를 완전히 없애는 데 있지 않다. 그것은 부모가 자 녀에게 물려주는 자산을 사회가 최소한의 수준에서 대신해 주는, 일 종의 '사회적 상속'에 가깝다. 누구는 태어날 때부터 계좌와 집을 물 려받고, 누구는 아무것도 없이 출발하는 불평등한 세습 구조에 개입 하는 가장 온건하지만 분명한 손길이다. 사회출발자본은 완전한 평 등을 약속하지 않는다. 아무것도 물려받지 못한 청년에게 "당신의 출발은 사회가 함께 책임지겠다"는 최소한의 선언을 하고자 한다.

'부모 찬스'를 대신한 '사회적 기회'. 청년에게 건네는 이 첫 자본이 불평등한 출발선을 조정하는 작은 시작이 되기를 기대한다.

누구든 원하는 사람에게,
'경기도 기본일자리'

여기 60대 중반의 퇴직자가 있다. 몸은 아직 건강하고 풍부한 실무 경험이 있지만, 은퇴와 동시에 노동시장에서 더는 기회를 얻기 어렵다. 출산과 육아로 경력이 단절된 30대 여성 역시 주 5일 전일제 근무가 어렵다는 이유로 재취업의 문턱을 넘지 못한다. 사회에 첫발을 내딛는 청년들 또한 일할 의지는 있으나, 적합한 일자리를 찾기까지 긴 시간을 기다려야 한다.

이처럼 오늘날의 노동시장은 다양한 삶의 조건을 충분히 반영하지 못하며, 그 결과 일할 의지가 충만해도 일하지 못하는 인구가 늘어나고 있다. 이는 노동시장 구조가 안고 있는 한계다.

경기도는 이러한 구조적 문제에 대응하는 '경기도 기본일자리' 모델을 제안한다. 경기도민이라면 누구나 원할 때 일할 수 있으면서도 나름의 존엄과 성장 가능성이 보장되는 일자리를 만드는 것을 목표로 한다. 주 5일 전일제 중심의 기존 일자리 체계에서 벗어나 단시간·유연근무를 제도적으로 인정하고 최소한의 소득을 보장하는 것을 목표로 한다.

경기도 기본일자리는 주 24시간 근무를 기준으로 하며, 주 3일 근무도 가능하다. 참여자는 월 150만 원의 임금을 받게 되며, 이 중 50만 원은 경기도가 지원하고 100만 원은 고용주가 부담한다.

중요한 것은 시간과 임금만이 아니다. 기본일자리는 직무 내용을 명확히 설계하고, 직무교육·현장훈련과 연계해 숙련이 쌓이도록 구성한다. 근무시간은 주말을 포함해 기업이 필요한 시간대에 유연하게 배치하되, 노동 강도와 휴식 기준은 명확히 설정해 단시간·저임금 노동으로 전락하지 않도록 관리한다.

이를 위해 공공과 민간의 협력이 꼭 필요하다. 공공이 직접 대규모 고용을 떠안는 방식은 현실적으로 어렵고 지속가능성도 낮다. 공공이 직접 고용을 확대하는 방식보다는 민간 고용을 전제로 공공이 비용을 분담하는 구조를 통해 고용의 양과 질을 동시에 높일 수 있다. 경기도는 인건비 일부를 분담하면서 직무 설계·노동 조건·교육 연계의 최소 기준을 제시하는 역할을 맡아야 한다.

이 제도는 노동시장에서 발생하는 공백의 완충 역할을 할 것으로 기대된다. 경기 변동이나 산업 구조 변화의 영향으로 전일제 일자리 진입이 지연되더라도 노동 참여가 이어질 수 있도록 한다. 이를 통해 장기적인 노동 배제를 예방하고, 이후 민간의 전일제 또는 상용 일자리로 이동할 수 있는 기반을 마련한다. 기본일자리는 모든 실업을 단번에 해소할 수 없으나 노동시장 참여를 지속시키는 연결 장치로 기능할 수 있다.

근무시간은 기업의 운영 특성과 노동자의 선택을 고려해 유연하게 배치할 수 있도록 설계했다. 주말을 포함한 다양한 시간대 활용이 가능하되, 주 24시간이라는 명확한 상한을 설정해 과도한 노동을 방지한다. 이는 이미 존재하는 시간제·유연 근무 노동을 제도권 안에서 관리하고, 공공이 개입하여 기본적인 노동 조건을 보장하려는 장치다. 불안정한 단시간 노동을 방치하지 않고, 기준을 명확히 설정해 노동의 질을 개선하는 방향이다.

기업 입장에서도 기본일자리는 필요한 시간대에 인력을 안정적으로 확보할 수 있는 선택지가 된다. 추가 수당 부담을 최소화하면서도 고용 확대가 가능해 생산성과 조직 안정성 제고로 이어질 수 있다. 노동자는 자신의 생활 여건에 맞춰 근무시간을 선택함으로써 노동과 삶의 균형을 유지할 수 있다.

재정 투입이 수반되는 정책이지만, 단기적 지출과는 성격을 달리하는 중장기적 관점의 투자라는 시각을 가져야 한다. 기본일자리를 통해 발생한 소득은 세금과 사회보험료로 환류되고, 소비 증가를 통해 지역경제 활성화로 이어진다. 동시에 실업급여 등 사회적 이전지출은 완화되고, 장기 실업과 고립으로 발생하는 사회적 비용 역시 줄어들 수 있다.

경기도 기본일자리는 '일하지 못하는 상태'를 관리하는 정책의 수동성에서 벗어나 '일할 수 있는 상태'를 유지하도록 돕는 능동적 정책이다. 이는 전일제 기준에 맞춰진 기존 노동시장 구조를 보완하고, 생애주기와 개인 삶의 조건에 맞는 새로운 노동 기준을 제시한다.

경기도는 기본일자리를 활성화하여 노동 참여의 방식은 달라도 누구나 일할 기회를 가질 수 있는 사회를 만들어가고자 한다. 일할 권리가 특정 시기나 특정 계층에 한정되지 않고, 생애 전반에 걸쳐 이어지는 사회적 기반. 그 출발을 경기도에서 시작하자.

매달 7만 원으로
달라지는 노후

우리는 모두 나이가 든다. 청년기의 열정도, 장년기의 치열함도 쇠잔해 결국은 은퇴라는 시점에 이르게 된다.

문제는 오늘날 한국 사회에서 은퇴가 '휴식의 시작'을 의미하지 않는다는 데 있다. 많은 이에게 그것은 곧바로 생존의 문제로 이어진다. 평생을 일하며 가족을 부양하고 사회를 떠받쳐 왔지만, 정작 자신의 노후를 돌아보면 남은 것은 불안뿐이다. 노후는 기대로 다가오지 않고 두려운 미래가 되었다.

우리 사회의 노후 소득보장 체계는 오랫동안 '국민연금'과 '기초연금'이라는 중앙정부 제도를 중심으로 작동해 왔다. 그런데 이 제도들만으로는 현실의 시간을 온전히 감당하기 어려운 실정이다. 국민연금을 받기 시작하는 만 65세와 다수의 노동자가 일터를 떠나는 만 60세 사이에는 약 5년의 공백이 존재한다. 소득은 끊기지만 생활은 멈추지 않는 이 시기, 이른바 '소득 공백'은 노후 불안을 상징하는 구간이 되었다.

더 나아가 문제의 본질은 단지 이 5년에만 있지 않다. 설령 정년 연장이나 재취업을 통해 공백이 일부 메워진다 해도 공적연금 자체의 수준은 여전히 충분하지 않다. 2026년 기준 노년기 공적연금의 월 평균 수급액은 약 69만 6,000원 수준이다. 같은 시기 조사된 노년기 최소 생활비는 139만 원을 넘고, 적정 생활비는 197만 원에 이른다. 부부 기준으로 보면 그 격차는 더욱 커진다. 공적연금으로 보장되는 소득과 실제 삶에 필요한 비용 사이의 간극, 이것이 노후 불안의 실체다.

이제 질문은 분명하다. 이 격차를 누가, 어떻게 메울 것인가. 노후 준비를 계속해서 개인의 책임이나 중앙정부의 몫으로만 남겨둘 수는 없다. 삶의 현장과 가장 가까운 지방정부가 도민의 소득 안정에 직접 참여할 필요가 있다. 경기도가 제안하는 '도민연금'은 이러한 문제의식에서 출발한 매칭형 지역연금 제도다.

도민연금은 도민이 스스로 노후를 위해 저축하면 경기도와 시·군이 일정 금액을 함께 적립하는 구조를 취한다. 만 30세에서 55세 사이의 도민이 매달 7만 원 이상을 적립할 경우 지방정부가 매달 3만 원을 더해 최대 10년간 공동 적립을 지원한다. 가입 후 10년이 지나면

적립금은 연금 형태로 수령할 수 있다. 개인의 노력 위에 지역 공동체가 책임을 더하는 방식이다.

노후 소득 불안은 특정 계층만 겪는 문제라고 볼 수 없다. 따라서 도민연금은 소득 수준과 관계없이 누구나 참여할 수 있는 보편적 제도로 설계되는 것이 바람직하다. 다만 제도의 지속가능성을 고려해 초기 단계에서는 중위소득 150% 미만을 우선 지원 대상으로 삼고, 소득 수준에 따라 지원 규모를 조정하는 방식도 검토할 수 있다. 이는 보편성과 형평성을 동시에 고려한 접근이다.

도민연금의 가장 큰 특징은 '예방적 복지'라는 점이다. 과거의 복지가 이미 어려움에 처한 이후 개입하는 사후적 처방에 가까웠다면, 이 제도는 경제활동이 비교적 안정적인 시기에 미리 노후를 준비하도록 유도한다. 성실한 현재의 선택이 안정적인 미래로 이어지도록 구조를 설계하는 것이다. 이는 '당신이 내일을 준비한다면 지역사회가 함께하겠다'는 정책적 약속이기도 하다.

도민연금은 복지와 지역경제의 선순환을 만들어낼 수 있는 제도다. 경기도가 연금 자산을 직접 운영할 경우 적립된 자금은 공익성과 안정성을 전제로 지역사회와 공공 영역에 투자될 수 있다. 장기적으로 도민이 수령한 연금은 다시 지역 안에서 소비로 이어지고, 이는 지역경제 활성화라는 또 다른 효과로 확장된다. 노후 소득 보장이 개인의 안정에 그치지 않고 지역 전체의 활력으로 연결되는 구조다.

평생을 성실하게 살아온 시민에게 노후는 불안이 아니라 보상이 되어야 한다. 노후가 두려움으로 다가오는 사회에는 미래도 없다. 경기도민이라면 나이가 들었다는 이유만으로 존엄을 포기하지 않아도 되는 사회에서 불안감 없이 자유롭게 살아갈 수 있는 노후를 보장받아야 한다. 노후 소득 보장은 인간이라면 누구나 누려야 할 기본적인 권리다.

매달 7만 원을 적립하는 부담이 누군가에게는 결코 가볍지 않을 수 있다. 그렇지만 여기에 경기도가 내민 손길이 더해지면 그 누군가의 노후 삶을 지탱하는 울타리가 된다. 오늘의 성실함이 내일의 존엄으로 이어지도록 경기도가 먼저 도민연금을 시작해야 하는 이유가 여기에 있다.

내일의 노후를 오늘 준비하는 사회. 지금, 경기도에서 그 선택의 문이 열린다.

성장도 이익도
도민과 함께

경기도의 주인은 도민이다. 모든 정책은 도민의 세금으로 만들어지고, 도민의 삶에 직접적인 영향을 미친다. 하지만 정작 정책 추진 과정에서 도민은 단순한 '민원인'이나 '수혜자'에 머물고 있다.

지역경제의 성장으로 얻는 과실 역시 마찬가지다. 지역 기업이 성장할 수 있는 토양을 만들어 준 주민들은 그동안 그 경제적 이득에서 배제되어 왔다. 지역 인프라도, 지역 기업의 성장도, 친환경 재생에너지 생산도, 그 수익이 도민의 주머니로 돌아오지 않는 '개발 이익의 사유화'가 반복된 것이다. 다수 도민이 소외되지 않도록 지역성장의 결실을 공유한다면 우리 사회의 불평등 해소에 큰 보탬이 될 것이다.

경기도민 인프라펀드, **경기도민성장펀드**, 그리고 **햇빛소득마을**은 지역의 성장을 도민과 나누기 위한 '도민성장 공유 프로젝트'다. 경기도민이 직접 성장의 기반을 조성하고, 그 성과를 공유하는 모델이다. 이는 민주주의 가치를 정책 현장에서 직접 실현하는 동시에 경제적 불평등 해소에 기여한다는 데 큰 의의가 있다.

도민이 투자하고 배당받는
GTX 건설

우리가 매일 이용하는 교통시설인 GTX와 고속도로는 도민의 이동과 삶의 질을 좌우하는 핵심 공공자산이다. 광역교통망의 확충 여부는 지역 간 접근성과 생활권 형성에 직접적인 영향을 미치며, 이는 곧 도민의 삶의 선택지를 넓히는 문제와 직결된다. 특히 GTX 사업은 수도권의 공간 구조와 기능을 재편할 만큼 도민의 일상에 막대한 변화를 가져오는 중대한 인프라 사업이다.

도민의 수요는 매우 높지만, GTX A·B·C 노선 모두 막대한 사업비와 재정 부담에 의한 수익성 문제 등을 이유로 계획보다 지연되고 있다. 2기 GTX와 GTX 플러스 노선 역시 계획대로 착공되기 어려울 것이라는 전망이 지배적이다. 게다가 신규 노선일수록 수익성이 낮아 민자사업으로 추진될 경우 늦어질 가능성은 더욱 클 수밖에 없다. 그러나 현재의 재정 여건만으로는 이를 대체할 현실적인 대안이 충분치 못한 것도 사실이다.

이러한 한계를 보완하기 위한 새로운 해법이 바로 '경기도민 인프라펀드'다. GTX 사업비의 일부를 도민펀드로 조성해 대규모 민간자본과 공동 투자하는 방식인데, 경기도민이 직접 인프라 사업에 참여하고 그 운영 수익을 공유하는 구조다. 공공은 인프라의 공공성과 안정성을 책임지고, 도민은 인프라 이용의 혜택을 넘어 장기적인 자산 형성과 수익 공유의 기회를 누리는 새로운 모델이다.

경기도민 인프라펀드는 소수의 고액 자산가가 투자하는 금융상품이 아니다. 도민이라면 누구나 100만 원 내외의 금액으로 참여 가능한 공모형 펀드로 설계해서 청년·무주택자·중산층도 부담 없이 안정적인 인프라 자산에 투자할 수 있도록 해야 한다. 그간 대형 인프라 사업 투자 기회는 높은 진입장벽으로 일부 자본과 기관에 한정되었으나, 도민 인프라펀드는 이러한 구조를 개선해 폭넓은 참여 기회를 제공할 수 있다.

이와 병행해서 복잡한 서류 작업이나 금융기관 방문 없이 스마트폰 앱 하나로 가입부터 수익률 확인, 배당금 수령까지 가능한 '경기 인프라 투자 플랫폼'을 구축하여 도민의 접근성과 편의성을 극대화해야 한다. 단기적 시세 차익보다 장기적이고 예측 가능한 수익을 통해 도민의 안정적인 자산 형성을 뒷받침하는 구조다.

도민 참여형 펀드인 만큼 원금 보호는 핵심 요소다. 경기도는 도민의 투자 위험을 최소화하고자 '후순위 채권 인수' 방식을 도입하려한다. 사업 과정에서 예상치 못한 손실이 발생하더라도 경기도와 공공기관이 우선하여 손실을 부담함으로써 도민이 안정적으로 투자에 참여할 수 있도록 하는 것이 바람직하다. 도민의 소중한 자산을 보호하는 동시에 공공이 책임을 분담하는 구조를 만들어야 한다.

경기도민 인프라펀드는 총 1조 원 규모로 조성해 외부 투기 자본이 아닌 도민의 힘으로 경기도의 인프라를 확충하는 것을 목표로 한다. 인프라 운영에서 발생하는 수익이 외부로 유출되지 않고 도민 공동체 안에서 선순환함으로써 공공자산의 가치가 도민에게 실질적으로 환원되는 구조를 만들 수 있다.

경기도민 인프라펀드는 교통 인프라 확충과 재원 다각화를 아우르며 도민이 공공 투자의 성과를 공유하는 새로운 참여 모델이다. 대형 인프라 사업의 혜택을 이용에만 그치지 않고 자산 형성과 수익 공유로 확장함으로써 도민이 체감할 수 있는 기회를 넓히고 공공 인프라를 도민 삶의 안정적인 기반자산으로 전환하려는 정책적 시도다.

GTX 플러스
상생협력 협약식 및 국회 토론회
경기도
GTX 플러스
상생협력 협약식 및
국회 토론회
2024. 6. 20.(목) 10:00 - 12:00
국회도서관 강당
GTX PLUS

기업도 키우고, 내 자산도 키우는
'경기도민성장펀드'

경기도는 대한민국 혁신성장의 중심이다. 판교테크노밸리를 비롯한 첨단산업 거점에는 수많은 벤처·스타트업이 자리 잡고 있으며, 대한민국 전체 벤처 기업의 약 32%가 경기도에 집중되어 있다. 이러한 성장은 지역경제와 국가 경쟁력 강화에 중요한 역할을 해 왔지만, 그 성과가 도민의 삶과 자산 형성에 얼마나 직접적으로 연결되고 있는지는 한 단계 더 깊이 있는 검토가 필요하다.

지금까지 경기도의 벤처 투자는 도민이 납부한 세금을 재원으로 공공이 전문 운용기관을 선정하고, 민간의 기관 투자자가 함께 참여해 수익을 회수한 뒤 재투자하는 방식으로 운영되어 왔다. 이 구조는 안정적인 벤처 생태계 조성과 재정의 선순환에 기여했으나, 일반 도민이 개별 투자자로서 기업성장의 과정에 직접 참여하고 그 성과를 자산 형성으로 체감하기에는 제도적 한계가 있었다. 혁신성장은 지역 전체에 긍정적인 영향을 미쳤지만, 그 성과가 개인의 자산 축적 기회로 연결되는 경로는 제한적이었다.

'경기도민성장펀드'는 이러한 기존 공공 벤처 투자 방식의 성과를 계승하면서 도민의 참여 범위를 확장하는 새로운 투자 모델이다. 이 펀드는 도민이 직접 출자하는 공모형 벤처투자펀드로, 최소 100만 원부터 최대 500만 원까지 부담 가능한 수준에서 누구나 참여할 수 있도록 설계된다. 이는 자본 규모나 전문 투자 경험에 따른 진입장벽을 낮춰 청년 세대를 포함해 많은 도민이 혁신성장의 성과를 공유하는 구조를 마련한다는 점에서 의미가 있다.

투자 대상은 공공성과 성장성을 동시에 고려해 경기도 내에 소재한 초기 및 성장 단계의 유망 벤처·스타트업과 중소·중견기업으로 한정된다. 이를 통해 지역 혁신 기업의 성장을 지원함과 아울러 도민의 투자 수익이 지역경제로 환류되는 선순환 구조를 구축하고자 한다. 도민이 기업을 키우는 과정에 참여하고, 기업의 성장이 다시 도민의 자산 형성으로 이어지는 구조는 자산 형성 기회의 격차를 완화하는 데에도 기여할 수 있다.

도민이 안심하고 참여할 수 있도록 펀드의 운용 체계는 신뢰성과 투명성을 최우선으로 설계해야 한다. 펀드 운용은 경기도가 엄격한 기준에 따라 선정한 전문 운용기관이 담당하며, 투자 대상 기업은 재무 건전성, 기술 경쟁력, 성장 가능성, 지역 기여도 등을 종합적으로 평가하는 다단계 검증 절차를 거쳐 선정된다. 외부 전문가와 공공이 함께 참여하는 투자심의 체계를 통해 책임 있는 운용과 안정성을 확보해야 한다.

여기에 더해 경기도와 경기도 공공기관이 펀드 총액의 약 20%를 직접 출자하고, 손실 발생 시 해당 지분이 먼저 손실을 부담하는 손실 우선 부담 구조 도입도 필요하다. 이를 통해 도민 투자자의 원금 손실 위험을 실질적으로 낮추고, 벤처 투자에 따른 과도한 위험 부담이 특정 계층에 집중되지 않도록 할 수 있다. 펀드는 8년에서 10년의 장기 운용으로 기업이 충분히 성장할 수 있는 시간을 확보하고, 성과 발생 시 연 1회 중간 배당을 해서 도민에게 정기적인 수익을 제공할 수 있다.

경기도민성장펀드는 도민을 지역경제의 성장 동반자이자 투자 주체로 전환시키는 정책이다. 도민은 혁신 기업의 성장에 직접 참여하며 안정적인 자산 형성의 기회를 얻고, 경기도 혁신 기업은 도민의 신뢰와 참여를 기반으로 더 큰 성장 기반을 확보하게 된다. 이는 장기적으로 도민 간 자산 형성 기회의 격차를 완화하는 의미 있는 역할을 하며, 지역경제의 지속가능한 경쟁력을 높이는 새로운 성장 방식이 될 것이다.

도민과 함께 만드는
'햇빛연금'

지구 온난화와 기후위기는 더 이상 먼 미래의 이야기가 아니다. 폭염과 집중호우, 농업 환경의 변화는 이미 우리 일상과 지역경제에 직접적인 영향을 미치고 있다. 이제 재생에너지 확대는 환경 정책에서 도민의 삶을 지키는 실질적 정책으로 발전해야 한다.

이재명 대통령과 국민주권정부가 제시한 '햇빛소득마을 2,500개 조성'은 이러한 방향을 보여준다. 이는 태양광 설비를 늘리는 데 그치지 않고, 주민이 에너지 생산에 참여해 그 수익을 공유하는 구조를 확산하겠다는 구상이다. 경기도 역시 이 흐름에 발맞춰 재생에너지 정책을 도민의 소득 안정과 연결하는 단계로 발전시켜야 한다.

'햇빛소득마을'의 핵심은 발전 수익을 기반으로 한 안정적인 '햇빛연금' 모델에 있다. 소득과 자산 격차가 확대되는 현실에서 기존 복지 정책만으로는 구조적 불평등을 완전히 해소하기 어렵다. 반면 지역 주민이 공동으로 에너지를 생산하고 그 수익을 배분받는 구조는 노동 여부나 자산 규모와 관계없이 일정한 추가 소득을 확보할 수 있는 통로를 제공한다는 점에서 소득 불평등을 완화하는 정책 대안의 가능성이 엿보인다. 나아가 자산을 보유하지 못한 계층도 에너지 생산에 참여함으로써 소득 분배 구조에 더욱 공정하게 편입될 수 있다는 점에서 정책적 의미가 크다.

특히 고령 주민이나 영세 농가처럼 노동시장 참여가 쉽지 않은 계층에게 이러한 소득 구조는 한층 유용한 의미를 갖는다. 발전 수익이 매월 일정하게 배당되는 방식은 일회성 지원을 탈피해 지속가능한 노후 소득 보완 수단이 된다. 이는 지역이 공동으로 창출한 수익을 공유하는 구조이며, 지역 간·계층 간 소득 격차를 완화하는 보완적 장치로 기능한다. 장기적으로는 지역 내 소비 여력을 높여 지역경제의 선순환에도 기여할 수 있다.

여주시 구양리 사례는 이를 잘 보여준다. 주민들이 직접 태양광 설비를 구축하고, 수익을 마을 기금으로 적립해 복지와 공동체사업에 활용하는 방식은 에너지 수익이 지역 안에서 선순환할 수 있음을 증명한다. 이러한 모델은 향후 개인 단위 배당과 공동체 기금이 병행되는 형태로도 확장될 수 있다.

햇빛소득마을은 산림 훼손이나 무분별한 농지 전용을 피해 농지 상

안전이 키우는 수익, 저류지 햇빛 재테크

부, 저수지 수면, 유휴 부지, 공공시설 등을 활용한다는 점에서도 지속가능성이 높다. 환경 훼손을 최소화하면서 지역에 또 다른 소득 재원을 마련하는 방식이다.

경기도가 2030년까지 500개소를 조성한다면 이는 국가 목표의 20%에 해당하는 규모다. 더 중요한 의미는 도민 다수가 에너지 생산의 주체가 되고, 그 수익을 공유하는 구조를 제도화한다는 점에 있다. 개별 마을은 물론 여러 마을이 연합하는 방식까지 지원한다면 지역 여건에 맞는 다양한 참여 모델이 가능할 것으로 보인다.

결국 햇빛소득마을이 지향하는 바는 명확하다. 기후위기에 대응하는 동시에 지역의 소득 기반을 넓히는 것과 그 과정에서 형성되는 햇빛연금이 도민의 안정적 삶을 보완해주는 안전망으로 자리 잡도록 하는 것이다.

재생에너지 확대와 소득 안정, 그리고 불평등 완화를 함께 도모하는 정책. 경기도가 선도적으로 만들어 갈 수 있는 현실적이고 지속가능한 모델이다.

미래 걱정 없이
나답게 사는 경기도

'나답게 사는 경기도'의 세 번째 조건은 성장과 일자리다. 사람은 일자리가 있어야 삶의 선택이 가능하고, 성장이 멈추면 그 선택지는 빠르게 줄어든다. 그래서 성장은 삶의 문제와 직결된다. 일자리를 만드는 성장이 이루어지지 않으면 나답게 살아갈 물질적 기반은 무너진다.

지금 우리에게 필요한 것은 일부만 앞서가는 성장이 아니다. 모두가 참여하고, 그 성과가 다시 모두의 삶으로 돌아오는 '함께 성장'이다.

함께 성장의 중심에는 사람이 있다. 통계상 수치가 좋아지는 것보다 지역 곳곳에서 도민의 일상이 조금씩 나아지는 변화가 쌓일 때 성장은 비로소 의미를 갖는다. 그런 경기도가 대한민국 경제의 다음 방향을 만들어야 한다.

지금 대한민국의 경제는 저성장의 문턱에 서 있다. 많은 전문가가 잠재성장률 1%대를 전망하고 우려를 나타내고 있으며, 성장의 동력과 양질의 일자리는 점점 줄어드는 추세다. 이런 상황에서 이재명 대통령의 국민주권정부는 '한국경제 잠재성장률 3% 달성'이라는 분명한 목표를 제시했다. 그래서 대한민국 인구와 산업, 연구개발과 첨단 제조의 중심에

있는 경기도는 그 성장의 3분의 2를 책임지겠다는 선택을 해야 한다. 이
것이 경기도가 요구 받는 역할에 대한 현실적인 답이다.

이 선택의 실행을 위해 경기도는 투자 유치 목표를 200조 원으로 설정
하고자 한다. 이 숫자의 의미는 단순한 투자 확대에 있지 않다. 이제 투
자는 더 싸고 더 많은 혜택을 주는 곳을 찾지 않는다. 기술과 인재, 연구
와 실증, 생산과 확장이 하나의 흐름으로 이어질 수 있는 환경을 찾는다.
경기도가 목표하는 '200조 투자 유치'는 미래 지향의 투자 환경을 조성
하여 신성장 전략을 함께 설계하는 파트너로 서겠다는 선언이다.

이 전략의 중심에는 '미래산업'이 있다. AI·바이오·반도체·기후테크는 경
기도가 이미 기반을 갖추고 있고, 동시에 다음 도약을 준비해야 할 산업
들이다. 특히 기후테크는 어려운 시기에도 경기도가 방향을 바꾸지 않
고 키워온 분야다. 이 산업들이 자리를 잡고 확장될 때 경기도의 성장이
대한민국의 성장으로 이어질 수 있다.

산업이 발전한다고 해도 실제로 모두가 함께 성장하기는 어렵다. 성장의
방식도 바뀌어야 한다. 경기도는 이제 '신新 경제지도'를 그리려 한다. 이

지도에 담기는 것은 지금까지 축적해 온 산업과 성과가 지역과 일자리, 도민의 삶으로 더 분명하게 연결되도록 구조를 바꾸는 과정이다. 특정 지역에 성장을 몰아주는 방식에서 벗어나 각 지역의 강점을 살리고 서로 연결해 경기도 전역을 하나의 경제 공동체로 만드는 전략이다.

신 경제지도의 출발점 역시 사람이다. 각자 자신이 일하는 곳에서 살 수 있어야 하고, 사는 곳에 일자리가 있어야 한다. 산업과 주거, 교통 및 생활 여건 등을 함께 설계할 때 도민은 지역에 머물고, 산업은 지속된다. 한 지역의 성장이 다른 지역의 기회로 이어지는 구조 속에서 경기도 전체의 잠재력은 더욱 커진다.

이렇게 만들어질 일자리는 단순히 숫자에 머물지 않는다. 기존산업과 인력이 미래산업으로 자연스럽게 이동하고, 세대와 계층이 각자의 자리에서 역할을 찾는 전환형·연계형·생활기반형 일자리를 통해 성장은 도민의 삶으로 이어진다.

이것이 경기도가 선택한 성장의 방식이다. 일자리와 성장의 선순환은 도민이 경제 걱정 없이 나답게 살 수 있는 경기도로 나아가는 길이다.

11장

대한민국의 성장
3분의 2를 책임진다

성장이 중요하다는 것은 아무리 강조해도 지나치지 않다. 경기도는 국민주권정부가 약속한 3% 성장 가운데 3분의 2인 2%를 책임지겠다고 약속했다. 그 약속을 책임지기 위한 경기도만의 성장 전략이 꼭 필요하다.

지난 4년간 100조 투자 유치 목표를 초과 달성한 경기도는 다가올 4년 동안 **200조 투자 유치**라는 새로운 목표를 제시한다.

대한민국의 성장을 책임질 경기도의 핵심 미래산업은 **ABC^2**으로 표현할 수 있다. A는 AI, B는 바이오Bio-Tech, C^{2}은 반도체Chips와 기후테크Climate-Tech다. 이 네 가지 미래산업에서 경기도가 제 역할을 다할 때만이 국민주권정부가 목표하는 대한민국 잠재성장률 3% 달성을 제대로 뒷받침할 수 있다.

또한 전국 최대 규모의 창업 생태계를 조성해 스타트업 천국으로 자리 잡은 경기도는 이제 **유니콘 기업의 요람**으로 발돋움해야 한다.

새로운 기준,
200조 투자 유치

'코스피KOSPI 5000 시대'는 단순한 주가지수 상승을 의미하지 않는다. 이는 대한민국 시장이 더 이상 잠재력만을 평가받는 단계에 머무르지 않고, 안정성과 혁신 역량을 갖춘 성숙한 투자 시장으로 재인식되고 있다는 변화의 신호다. 글로벌 자본과 기업의 시선이 단기 성과보다 중장기 가치와 신뢰로 이동하는 이 전환점에서 투자 유치의 가능성과 방식 또한 근본적으로 달라지고 있다.

경기도는 지난 4년간 100조 원의 투자 유치를 달성했다. 이제 이 100조 원은 계획이나 유치 실적에 머무르지 않고, 실제 산업 현장과 지역 곳곳에서 집행되는 실행 단계에 들어서고 있다. 기업의 투자가 가시화되고, 연구와 생산 기반이 구축되며, 일자리와 지역성장으로 이어지는 변화가 현실이 되었다. 중요한 것은 이 실행의 흐름을 일회성 성과로 끝내지 않고, 미래를 향한 구조적 도약으로 연결하는 일이다.

이러한 시점에서 경기도가 마주한 과제는 분명하다. 이미 실행 단계에 들어선 100조 원의 투자 흐름을 단기 성과로 소진할 것인지, 아니면 이를 발판 삼아 산업의 미래를 근본적으로 바꾸는 새로운 도전에 나설 것인지의 선택이다.

기존의 목표를 단순히 확대하는 방식으로는 급변하는 글로벌 투자 환경과 산업 전환의 속도를 따라가기 어렵다. 지금 경기도에는 과거와는 전혀 다른 차원의 목표와 전략이 요구되고 있다. 이에 경기도는 혁신적인 목표를 내걸고 도전에 나선다. 완전한 질적 전환의 목표는 미래 전략산업의 획기적 발전을 겨냥한다.

그 실행 전략으로 제시하는 것이 '200조 투자 유치'다. 이는 향후 투자 유치의 방식과 산업 육성의 패러다임을 바꾸겠다는 경기도의 결단을 상징한다. 아울러 대한민국 전체 성장의 3분의 2를 책임지겠다는 각오로 어디에서도 시도하지 않은 새로운 투자 유치에 나서는 도전이기도 하다.

글로벌 투자 환경은 빠르게 변화하고 있다. 기업과 자본은 더 이상 낮은 비용이나 단기 인센티브만을 기준으로 투자처를 선택하지 않는다. 기술과 인재, 연구개발과 실증, 그리고 장기적 성장을 함께 설계할 수 있는 파트너를 찾는다. 따라서 이 도전은 경기도가 '투자 대상지'를 넘어 '전략적 동반자'로 역할을 확장하는 데서 출발한다.

새 도전에 성공하려면 경기도는 국제 네트워크를 투자 유치 전략의 핵심축으로 삼아야 한다. 글로벌 기업, 해외 혁신 클러스터, 국제기구, 주요 투자기관과의 협력 관계를 공동 기획과 실행 단계로 발전시켜야 한다. 공동 연구와 실증, 기술 협력과 인력 교류를 선제적으로 추진하고, 이 과정에서 축적된 신뢰와 성과가 자연스럽게 투자로 이어지도록 하는 구조를 만들어갈 계획이다. 이는 설명회 중심의 종전 유치 방식에서 벗어난 장기적 파트너십 기반의 최신 투자 유치 모델이다.

투자 유치 협상 또한 근본적으로 전환해야 한다. 개별 기업 중심의 협상에서 탈피해 복수 기업과 기관이 공동 참여하는 패키지형 투자 유치, 앵커 기업과 협력 기업을 동반 유치하는 모델, 투자와 연구·실증이 동시에 이루어지는 복합형 유치 전략을 본격적으로 추진해야 한다. 이를 통해 투자 규모뿐만 아니라 파급 효과와 지속성을 함께 높이고, 지역산업 생태계 전반의 경쟁력을 강화할 것이다.

인센티브 정책 역시 방향 설정을 재편할 필요가 있다. 단기적 재정 지원이나 일회성 혜택을 축소하고 입지 제공, 인허가 신속 처리, 규제 개선, 연구개발과 실증, 인력 연계를 포괄하는 통합형 지원 체계를 구축해서 기업이 경기도에 장기적으로 정착하여 성장할 수 있는 기반을 마련해야 한다. 이는 기업을 유치하는 조건을 넘어, 경기도에 머무를 이유를 만드는 전략적 인센티브다.

투자 유치 이후도 중요하다. 투자 결정 이후에도 기업의 성장 단계에 맞춰 추가 투자와 사업 확장을 연계하고, 글로벌 진출까지 함께하는 전주기 관리 체계로 연속 투자와 재투자를 이끌어내야 완결성을 갖는다. 그래야 200조 투자 유치가 지속적으로 확장되는 투자 생태계의 출발점이 된다.

지금 경기도가 선택해야 할 것은 성과의 누적에 집착하기보다 산업의 미래를 다시 설계하는 일이다. 이미 실행에 들어선 100조 투자 흐름 위에서 경기도는 기존의 방식을 반복하지 않고 새로운 기준을 세우는 도전에 나서고자 한다. 200조 투자 유치는 그 도전의 이름이며, 대한민국 어디에서도 시도하지 못한 방식으로 미래 전략산업의 판을 새롭게 짜겠다는 경기도의 선언이다.

ABC^{2}으로 키우는
미래 먹거리

대한민국의 경제가 재도약하려면 무엇이 필요할까. 대답은 다음 네 산업으로 구체적인 제시가 가능하다. 각각 신시장을 만드는 AI·바이오Bio-Tech·반도체Chips·기후테크Climate-Tech의 네 산업을 모두 곱한 ABC^2은 기존산업의 생산 방식과 경쟁 규칙을 통째로 바꾸는 힘을 갖고 있다. AI는 제조와 서비스의 효율을 다시 쓰고, 반도체는 모든 디지털 산업의 출발점이 되며, 바이오는 의료를 넘어 식품·환경·에너지로 확장된다. 기후테크는 에너지·운송·건설 등 실물경제의 구조를 근본부터 바꾼다.

이 네 산업의 공통점은 분명하다. 어느 하나도 자기 영역에만 머물지 않는다. 서로를 떠받치며 산업 전체의 작동 방식을 변화시킨다. 그래서 이 네 개의 축이 함께 움직일 때 나머지 산업은 자연스럽게 그 뒤를 따른다. 이들은 경제 전체의 속도를 결정하는 가속 페달이며, 이 네 산업과 그 파급 효과는 대한민국 경제성장의 약 3분의 2를 떠받치는 실질적 동력이 된다.

우리나라에서 이 ABC^2 산업이 동시에 현실로 등장하는 무대가 있다. 바로 경기도다.

AI: 피지컬 AI로 산업을 재설계한다

AI의 진짜 혁명은 스마트폰의 화면 속이 아니라 산업 현장에서 시작된다. 경기도는 대한민국 제조업의 심장이다. 이제 그 심장은 쉬지 않고 뛰는 것을 넘어, 스스로 판단하고 움직여야 한다. 소프트웨어 안에만 머무는 AI의 한계를 벗어나 기기와 설비를 직접 제어하며 생산을 책임지는 '피지컬 AI'Physical AI의 시대를 경기도가 먼저 열어야 한다.

AI는 실체가 있는 산업 현장에서 최대의 가치를 만든다. 경기도에는 전국 사업체의 약 27%, 제조업 종사자 138만 명이 집중되어 있다. 제조업 매출의 29.7%, 645조 원이 경기도에서 나온다. 다시 말해, AI를 적용해야 할 산업 자체가 이미 가장 많이 모여 있는 공간이다.

화성의 자동차산업, 평택의 반도체 생산시설, 안산·시흥의 기계·금속산업은 AI가 실제로 작동할 수 있는 물리적 기반을 제공한다. 반도체가 두뇌라면 자동차와 기계산업은 이를 실행하는 몸체다. 여기에 성남 판교라는 디지털 지능이 더해진다. 이제 필요한 것은 판교의 역량과 각 산업의 제조 현장들을 하나로 연결하는 전략이다.

전략의 실현을 위해 경기도는 먼저 피지컬 AI 실증 기반을 구축해야 한다. 자율주행, 로보틱스, 스마트 물류, AI 공정 자동화 기술이 연구실이나 단발성 시범사업에 머무르지 않도록 산업단지와 도로, 공공 시설 전반을 실증 무대로 전환하는 것이 중요하다. 기술 검증에 필요한 '허용된 공간'을 지양하고 상시적으로 작동하며 개선되는 환경을 만드는 것이 우선이다. AI는 테스트를 통과하는 기술이기보다 현장에서 매일 작동하며 진화할 수 있는 기술이 되어야 한다.

다음은 판교-제조벨트 연계사업이다. AI 개발과 산업 적용 사이의 간극을 구조적으로 없애는 작업이다. 판교에서 개발된 알고리즘이 곧바로 화성의 자동차 생산라인과 평택의 반도체 공정, 안산의 제조 설비에 적용되고, 그 결과가 개발 단계로 환류되는 구조를 만든다. 개발-적용-개선-확산이 끊기지 않고 이어질 때 AI는 기술을 넘어 산업의 기본 언어가 된다.

세 번째는 AI 팩토리 확산이다. 디지털 트윈과 자율 공정, 예지 보전 기술을 결합한 AI 팩토리를 대기업에만 국한하지 않고 중소기업까지 확산시켜야 한다. 숙련 인력 부족으로 생산을 줄이는 공장의 운명을 거부하고 AI 기술을 통해 생산성을 끌어올리는 공장으로 전환

하는 것이다. 이는 개별 기업 지원으로 실현한다기보다 경기도 제조업 전반의 체질을 개선하는 혁신에 가깝다.

여기에 로보틱스 협업산업 육성이 더해진다. 경기도의 기계·금속 제조 기반 위에 AI를 결합해 산업용과 서비스용 로봇을 체계적으로 키운다. 반복적이고 위험한 작업은 로봇이 맡고, 인간은 판단과 설계에 집중하는 협업 구조를 표준으로 만든다. 사람과 기계가 함께 일하는 새로운 생산 질서를 경기도에서 먼저 정립하는 일이다.

Bio-Tech: 대한민국 바이오산업의 중심을 세운다

바이오 산업의 승부는 시설이 아니라 연결된 구조에서 판가름난다. 바이오산업은 반도체의 두 배에 달하는 글로벌 시장 규모와 연평균 12.8%의 성장률을 가진 미래 핵심산업이다.

경기도에는 국내 바이오 사업체의 30%, 종사자의 32%, R&D 투자의 38.6%가 집중되어 있다. 숫자만 놓고 보면 이미 대한민국 바이오산업의 중심이다. 이러한 객관적 지표에도 불구하고 그간 경기도는 정부의 지역 균형발전 논리에 밀려 주요 국가 지원사업에서 소외되어 왔다. 그럴수록 더 경쟁력을 보여주고 더 적합한 곳이 어디인지를 증명해내는 것은 지방정부의 몫이다. 민선 9기 경기도는 2030

년까지 외부 환경에 흔들리지 않는 자생적이고 강력한 '국내 최고의 바이오 클러스터'를 완성함으로써 실력으로 증명해야 한다.

민선 9기 경기도 바이오 전략의 핵심은 연결된 구조에 있다. 그 일환으로 경기도는 바이오 전주기 혁신벨트를 구축하려 한다. 연구·임상·제조·생산이 지역과 기관을 넘어 하나의 흐름으로 이어지도록 설계해야 한다. 광교의 R&D 역량은 기술의 출발점이 되고, 시흥의 병원과 임상 인프라는 검증의 공간이 되며, 화성의 제조 기반은 양산의 역할을 맡는다. 기술이 논문으로 멈추지 않고, 제품과 시장에 연계되는 속도를 구조적으로 높이는 작업이다.

아울러 '다핵화 바이오 클러스터'를 고도화해야 한다. 단일 거점에 모든 기능을 모으는 대신 각 지역이 가진 강점을 분담하고 연결하는 방향이다. 혁신 거점은 연구와 창업에 집중하고, 제조 거점은 생산과 품질 고도화를 맡는다. 경기도는 이 흐름을 조정하고 연결하는 플랫폼이 되어야 한다. 이렇게 작동하는 다핵 구조는 외부 충격에도 쉽게 흔들리지 않는다.

여기에 더해 경기북부 바이오 특구 조성이 요구된다. 고양 일산테크노밸리를 중심으로 정밀의료, 그린바이오, 푸드테크를 집중 육성해 남부와는 다른 성격의 성장축을 만드는 전략이다. 이는 경기도 바이오산업의 영역 확장이며, 새로운 분야가 추가될수록 그 생태계는 한층 단단해진다.

이 모든 전략을 혁신 인프라와 규제 개선, 그리고 인재 양성으로 뒷받침해야 한다. 공용 장비와 실험 공간, 임상·인허가 지원 체계는 기술의 실패 비용을 낮추고, 도전이 가능하게 하는 것이 바이오산업을 지속할 수 있는 최소 조건이다.

Chips: 세계 1위 반도체의 초격차를 유지한다

반도체는 산업의 차원을 뛰어넘는 국가 안전장치의 위상을 갖는다. 경기도 반도체산업은 이미 세계 최고 수준의 생산 거점을 갖췄다. 화성과 평택의 삼성전자, 이천의 SK하이닉스, 현재 조성 중인 용인 반도체 클러스터. 반도체 공장은 전력, 용수, 설계, 장비, 인력이 맞물릴 때 완성된다. 즉 생태계로 승부하는 산업이 반도체다. 경기도가 기반과 사람, 설계와 생산을 모두 묶어낼 때 대한민국 반도체의 초격차를 유지할 수 있다.

민선 9기 경기도 반도체 전략의 지향점은 메가 클러스터의 완성이다. 이를 실현하려면 기존 송전선 방식의 한계를 극복하는 전력 공급 기반부터 마련해야 한다. 용인 반도체 클러스터가 요구하는 최대

16GW 전력 수요를 감당할 수 있는 창의적인 해법이 필요하다.

최근 한국전력공사와 협약을 체결한 '도로-전력망 공동건설 협력 체계'가 그 좋은 사례다. 용인과 이천을 잇는 지방도 318호선 신설 구간 지하에 전력망을 구축하기로 합의했다. 경기도가 용지 확보와 도로 상부 포장을 맡고, 한전이 도로 하부에 전력망을 구축하는 '동시 시공' 모델이다. 송전탑 설치가 주민 반발로 지연되는 상황에서 부족했던 3GW 전력을 확보할 수 있는 해법이다. 도로와 전력 공사를 각각 시행할 때보다 공사 기간이 5년 단축되고, 사업비는 30% 절감된다.

이와 함께 친환경 에너지 기반도 조성해야 한다. 영농형 태양광, 산업단지 태양광, 수상형 태양광 등 다양한 방식을 병행해 자립형 에너지 구조를 확대할 필요가 있다. 이는 전력 안정성을 높이는 동시에 글로벌 반도체 기업들이 요구하는 RE100 기준을 충족시키는 전략이다. 에너지 전략은 이제 반도체 경쟁력의 일부다.

용수 공급 역시 중요하다. 경기도는 팔당상수원 중심의 공급망에 더해 하수 재이용, 신규 수자원 발굴과 같은 지속가능한 물 관리 기술을 도입함으로써 향후 일일 170만 톤에 달할 것으로 예상되는 막대한 공업용수 수요에 선제적으로 대응하며 대한민국 반도체 초강대국 도약을 뒷받침할 준비를 하고 있다.

이 밖에 제3판교를 중심으로 팹리스와 소부장 생태계를 확장해야 한다. 설계 기업과 생산기지가 물리적으로 떨어져 있는 구조는 한계가 있다. 경기도는 설계-검증-양산이 하나의 흐름으로 이어지도록 생태계를 재구성해야 한다. 국내 강소 기업과 글로벌 장비 기업의 연구·생산 거점을 함께 유치해 경기도 안에서 반도체 가치사슬이 완성되도록 하는 것이 중요하다.

마지막 하나는 인재 기반 강화다. 산학협력과 연구 환경 개선을 통해 차세대 반도체 인재가 경기도에서 성장하고 머물 수 있는 조건을 만들어야 한다. 반도체 경쟁의 본질은 결국 사람이라는 점을 분명히 인식해야 한다.

Climate-Tech: 새로운 성장 질서를 만든다

기후위기는 비용이 아니라 신시장 창출의 시작점이다. 기후위기는 산업 구조 전체를 재설계하라는 요구다. 이를 기회로 바꾸는 기술이 기후테크다. 세계 시장은 이미 움직이고 있지만, 아직 승자는 정해지지 않았다.

경기도는 전국 기후테크 사업체의 약 29.2%가 밀집한 국내 최대 거점이다. 이제 필요한 것은 선언에 그치지 않는 작동 구조의 현실화다.

기후테크센터 설립·운영을 제안한다. 센터는 흩어진 정책과 사업을 묶는 조직에 머무르지 않으며 기후테크산업을 실제로 움직이게 하는 조정자가 된다. 데이터 기반으로 유망 기업을 발굴하고, 실증과 사업화를 연결하며, 민·관·학 협력을 조율한다. 기술개발 이후의 공백을 메우는 역할이다.

기후테크 혁신펀드 조성도 바람직하다. 기후테크는 단기간에 성과가 나기 어렵다. 경기도는 펀드의 아이디어 단계부터 상용화까지 장기적 관점에서 투자하며, 실증과 초기 시장 진입을 함께 지원해야 한다. 기술이 자금 부족으로 사라지지 않도록 하는 안전망이다.

아울러 기후테크 클러스터를 조성해 연구-실증-사업화가 분리되지 않도록 해야 한다. 지역별 특화산업을 중심으로 에너지·자원순환·친환경 모빌리티·스마트 건설 분야를 집적하고, 경기도 전역을 실증 무대로 활용해야 한다. 실험이 곧 사업으로 이어지는 구조다.

무엇보다 기후테크는 도민의 삶 속에서 완성되도록 해야 한다. 에너지 사용 방식과 이동, 주거 환경까지 변화가 체감될 때 산업은 지속

3
기후테크 육성의 컨트롤타워,
경기도 기후테크센터를
설치하겠습니다.

2025 경기도 기후테크 컨퍼런스
Climate Technology Conference 2025, Gyeonggi Province

된다. 기후테크를 기술에 국한하지 않고 생활의 표준으로 만드는 것이 목표다.

경기도가 기후테크를 산업으로 작동시키는 순간, 지속가능성은 새로운 성장 공식이 된다.

ABC^2으로 요약되는 경기도의 미래산업은 네 개의 분야이지만, 방향은 하나다. AI가 산업을 움직이고, 바이오가 산업을 완결하며, 반도체가 이를 지탱하고, 기후테크가 지속가능성을 부여한다. 그 출발점이 경기도라는 사실은 우연일 수 없다. 조건은 이미 갖춰졌고, 이제 필요한 것은 결단과 실행이다. 대한민국 경제의 다음 장은 멀리 있지 않다. 지금, 이곳에서 시작된다.

스타트업 천국에서
유니콘의 요람으로

경기도는 지난 4년간 '스타트업 천국'을 목표로 삼아 전국 최대 규모의 창업 생태계를 차근차근 구축해 왔다. 판교를 중심으로 형성된 기술 집적지, 31개 시·군 전역으로 확산된 창업 지원 거점, 그리고 과감한 투자와 보육 정책은 경기도를 대한민국 스타트업 생태계의 핵심축으로 자리매김하게 했다. 이제 경기도는 도 전역 어디서나 창업이 가능하며 성장까지 이어질 수 있는 구조를 만들었다.

이러한 기반 위에서 경기도가 다음 단계에 던지는 질문은 명확하다. '스타트업이 많은 곳'에서 한 걸음 더 나아가 '유니콘 기업이 태어나고 자라는 곳'으로 진화할 수 있는가 하는 문제다. 유니콘 기업이란 창업한 지 10년 이내 기업 가치 10억 달러를 넘어서는 기업을 말한다.

이재명 국민주권정부가 제시한 '글로벌 벤처 4대 강국'은 경기도가 그동안 쌓아온 성과를 실질적인 기업성장, 나아가 글로벌 경쟁력을 갖춘 기업으로 성장시킬 시대적 환경을 제공하고 있다. 지금은 창업의 숫자에 집착하지 않고 '유니콘의 요람'을 만들 수 있는 조건이 무르익은 시점이다.

경기도는 현재 전국 최대 규모의 창업 인프라와 기업 풀을 보유하고 있다. 앞으로 필요한 것은 또 다른 간판 정책의 발굴보다 선택과 집중을 통해 중소·벤처·스타트업이 한 단계씩 도약할 수 있도록 돕는 전략이다. 경기도는 창업-성장-확장의 전 과정을 하나의 흐름으로 연결하며, 스타트업 천국을 넘어 유니콘의 요람을 향해 나아가는 길을 선택하고자 한다.

첫째는 '경기 스케일업 100 프로젝트'다.
그동안 스타트업 정책이 초기 창업에 집중되어 있었다면, 이 프로젝트는 성장의 문턱에 선 기업에 초점을 맞춘다. 경기도는 기술력과 시장성을 검증받은 도내 스타트업 100개 사를 선발해 향후 3년간 집중적인 스케일업 지원에 나서야 한다.

이 프로젝트의 핵심은 대기업·중견기업과의 공동사업, 공공·민간의 기술 검증PoC, 후속 투자 연계, M&A와 IPO 컨설팅까지를 하나의 패키지로 제공하는 데 있다. 기업별 전담 프로젝트 매니저PM가 성장 전략을 함께 설계하고, 매출·고용·투자 유치 성과에 따라 지원을 차등화함으로써 '성장하는 기업에 더 투자하는 구조'를 만들어야 한다. 이는 유망 스타트업을 단기간에 매출 100억 원 이상 기업, 나아가서는 예비 유니콘으로 성장시키기 위한 경기도식 해법이다.

두 번째는 '경기 공공·산업 실증 메가 프로젝트'다.
기술은 있지만 시장이 없는 스타트업에게 첫 번째 레퍼런스Reference, 사업 이력는 생존을 가르는 분기점이 된다. 경기도는 교통·환경·안전·돌봄·기후위기 대응 등 도정의 핵심과제를 실증 무대로 개방해 스타트업 기술이 실제 현장에서 검증될 수 있도록 도와야 한다.

선정된 스타트업은 경기도와 산하기관, 시·군, 공공시설을 활용해 실증을 진행하고, 그 결과는 공공 조달과 민간 확산으로 이어지도록 하는 방안이다. 동시에 반도체·모빌리티·바이오 등 경기도 전략산업 분야에서는 대기업·연구기관과 연계한 산업 실증 트랙을 병행해 유니콘으로 성장하기 위한 신뢰와 실적을 함께 쌓을 수 있도록 지원해야 한다.

세 번째는 '경기 글로벌 유니콘 점프업 프로젝트'다.
유니콘의 요람은 국내에 머무르지 않는다. 경기도가 글로벌 시장에서 경쟁할 수 있는 스타트업을 선별해 미국·유럽·동남아 등 주요 시장을 중심으로 집중 지원하는 방향이다. 현지 액셀러레이터 연계, 글로벌 벤처캐피탈VC 투자 유치, 현지 실증과 파트너십, 해외법인 설립 지원을 하나의 패키지로 구성하고, 공공 투자 재원을 글로벌 민간 투자와 연결해 대규모 후속 투자로 이어지도록 설계해야 한다.

이 세 가지 프로젝트는 각각 독립된 정책으로 작동하지 않으며 스타트업 천국에서 유니콘의 요람을 실현하는 하나의 성장 경로를 만든다. 경기도는 창업을 지원하는 행정 주체의 역할을 내려놓고 기업의 도전과 성장, 글로벌 확장의 동반자가 되고자 한다.

스타트업이 시행착오를 거치며 단단해지고, 마침내 글로벌 무대에서 경쟁하는 기업으로 성장할 때 경기도는 명실상부한 유니콘의 요람으로 자리매김하게 될 것이다.

| 12장 |

경기도 미래지도를
그리다

경기도는 이제 새로운 경제지도를 그리려 한다. 특정 지역에 성장 동력을 집중하는 과거의 일극 중심 방식에서 벗어나, 31개 시·군이 5대 권역으로 나뉘어 각자의 강점을 살리고 서로 연결되며 함께 성장하는 구조로의 전환을 새롭게 그리는 것이 **신新 경제지도**다. 이는 지역을 나누는 전략과는 거리가 멀며, 권역 간 협력과 연계를 통해 경기도 전체의 잠재력을 키우는 신 성장 방식이라고 할 수 있다.

경기도의 신 경제지도는 '함께 성장하는 경기도'로 가는 출발점이다. 5대 권역이 각자 따로 성장하는 구조를 탈피하고 한 지역의 성장을 다른 지역의 기회로 확산시키는 '곱하기 성장 전략'이다. 한 권역에서 축적된 기술과 산업은 다른 권역의 생산과 서비스, 생활 인프라와 연결되며 더 큰 가치를 만들어내는 자산이 된다.

다음 단계의 성장 전략,
'경기도 신新 경제지도'

대한민국의 경제에서 경기도가 차지하는 비중은 매우 크다. 인구를 비롯해 산업 생산 및 R&D와 첨단 제조의 중심이 경기도에 집중되어 있으며, 그 변화는 곧 대한민국 경제의 방향으로 이어진다. 경기도의 산업이 한 단계 도약하면 대한민국의 산업 구조 역시 발전한다. 또한 경기도는 31개 시·군이 서로 다른 여건과 잠재력을 지닌 복합적인 경제 공간으로 존재한다. 경기도의 성장은 특정 지역의 성과만으로 완성되지 않는다. 모든 시·군이 동반성장하고, 그 성과가 도민의 삶으로 이어질 때 비로소 완성된다.

그동안 경기도는 산업 경쟁력을 키우며 미래를 준비해 왔고, 의미 있는 성과도 축적해 왔다. 그러나 지역에 따라 일자리와 생활 여건의 격차가 남아 있고, 일하는 곳과 사는 곳이 멀어 도민의 부담이 크고 생활의 질이 떨어지는 것도 사실이다. 이제는 성장 확대에 치중하기보다 성장의 방식 자체를 전환해야 할 시점에 도달했다.

그다음 단계의 성장 전략은 경기도의 '신 경제지도'다. 신 경제지도는 지금까지 만들어 온 산업과 성과가 일자리와 지역 발전, 도민의 삶으로 더욱 분명하게 연결되도록 구조를 재편하는 전략이다. 산업·주거·교통·에너지를 함께 바라보며 경기도 전역을 하나의 유기적인 경제권으로 재구성하는 종합적 전환 구상이다.

경기도의 신 경제지도는 '사람'에서 출발한다. 기업과 시설의 입지보다 사람이 어디에서 일하고, 어디에서 살며, 어떤 삶을 누릴 수 있는지를 먼저 묻는다. 좋은 일자리가 있어도 주거와 교통, 생활 여건이 뒷받침되지 않으면 사람은 머물 수 없고, 사람이 머물지 않는 곳에 지속가능한 산업도 자리 잡기 어렵다. 신 경제지도는 성장을 키우는 데서 멈추지 않고, 그 성장이 도민 한 사람 한 사람의 일상과 미래로 이어지도록 설계하는 사람 중심의 경제지도다.

경기도 신 경제지도의 목표는 분명하다. 31개 시·군이 권역별로 균형 있게 발전하면서 지역마다 지속가능한 양질의 일자리가 만들어지는 구조를 구축하는 것이다. 이를 통해 도민은 자신이 사는 지역에서 일하고 생활할 수 있으며, 기업은 안정적인 인재와 산업 기반을 지역 안에서 확보할 수 있다. 직주근접 환경 조성과 광역교통망 확충은 출퇴근 부담을 줄이고, 교육·문화·의료 등 생활 인프라는 삶의 질을 높이는 토대가 된다.

이같은 환경을 조성하려는 경기도의 신 경제지도는 31개 시·군을 5개 권역으로 나누어 구체화된다. 이는 행정 편의를 위한 구분과는 달리, 각 지역이 가진 산업 기반과 공간적 특성, 생활권을 종합적으로 고려한 성장 구조 설계다. 권역별로 기능과 역할을 분명히 함으로써 중복 투자를 막고, 지역 간 강점을 연결해 시너지를 극대화하는 것이 핵심이다.

각 권역은 독립적으로 완결되는 경제 공간이 아니며 서로 다른 기능이 맞물려 하나의 경제 생태계를 이루는 구조로 설계된다. 첨단 제조와 연구개발이 중심이 되는 권역은 기술과 생산의 축을 담당하고, 서비스·콘텐츠·의료·에너지 분야가 강점인 권역은 이를 뒷받침하며 새로운 부가가치를 창출한다. 이러한 기능 분담은 권역 간 불필요한 경쟁을 줄이고, 경기도 전체의 산업 효율성과 경쟁력을 높이는 기반이 된다.

서북권은 도시 경쟁력과 창의산업을 바탕으로 문화·콘텐츠와 생명·의료 분야가 결합된 고부가가치 산업 거점으로 육성하자고 제안한다. 서남권은 피지컬 AI와 기후테크의 중심으로 삼을 수 있다. 남부권은 첨단 제조와 디지털 기술이 집적된 경기도의 산업 핵심축으로서 연구개발과 생산, 글로벌 경쟁력을 견인해야 한다. 동북권은 국가 기반 시설과 공공자산을 활용해 의료·돌봄·안전 분야 중심의 안정적인 산업 구조를 형성하고, 동남권은 친환경 자원과 지역산업을 연계해 에너지 전환과 지속가능한 생산이 결합된 새로운 농공산업 모델을 만들어야 한다.

신 경제지도 위에서 창출되는 일자리는 고용 숫자의 확대로만 얘기할 수 없다. 기존산업 인력이 미래산업으로 자연스럽게 이동하는 전환형 일자리, 권역 간 협력을 통해 확장되는 연계형 일자리, 산업성장과 함께 늘어나는 생활기반형 일자리가 생활권 안에서 정착되고 삶의 질로 이어지도록 설계한다.

이를 뒷받침하기 위해 민선 9기 임기 내 1조 원 규모의 '신경제지도 특별회계'를 조성해 핵심사업에 집중 투자할 필요가 있다. 이 재정은 권역 단위 패키지형 투자로 운용되며, 산업 조성, 주거 공급, 교통·에너지 인프라, 인재 양성사업이 유기적으로 연계되도록 한다. 도지사 직속 '경기신경제지도추진단'은 계획 수립부터 집행, 점검과 보완까지 전 과정을 총괄하며 정책이 현장에서 체감되는 변화로 이어지도록 관리해야 한다.

변화는 지도 위가 아니라 도민의 삶에서 먼저 나타나게 된다. 지역마다 일자리가 늘고, 출퇴근과 생활 부담은 줄어든다. 도민은 굳이 삶의 터전을 옮기지 않아도 기회를 찾을 수 있고, 기업은 어느 지역에서도 경쟁력 높은 환경을 만나게 된다. 그 변화는 경기도를 넘어 대한민국의 산업 구조 고도화와 균형발전으로 이어질 것이다. 이처럼 경기도의 신 경제지도는 성장의 결과가 사람의 삶으로 이어지도록 만드는 다음 단계의 전략이다.

수도권 성장을 견인하는
3대 성장축

서북권·서남권·남부권은 경기도의 경제성장을 전면에서 이끄는 핵심축이다. 이들 지역은 산업과 인구, 교통이 고밀도로 결합된 공간이며, 경기도의 혁신 역량과 수도권 확장성을 동시에 책임진다. 같은 광역교통망을 공유하지만, 각 권역은 서로 다른 산업과 사람, 생활 방식에 맞춰 교통과 주거의 역할을 달리 설계하면서 고유한 성장 경로를 만들어 간다.

서북권: K-컬처·바이오 융합형 창조혁신 벨트

서북권은 고양·파주·김포가 중심이 되어 문화의 감성과 첨단 의료가 만나는 창조적 생활권으로 재편된다. 고양의 'K-컬처 밸리'를 축으로 영상·공연·미디어산업이 집적되며, 이곳은 K-콘텐츠의 기획과 제작, 확산이 동시에 이루어지는 핵심 창작지대로 자리 잡는다. 스튜디오와 공연장, 후반 제작시설이 유기적으로 연결되고, 창작자와 기술 인력이 상시 교류하는 환경 속에서 아이디어는 산업으로 성장

서북권 | K-Culture 중심의 문화 및 의료 산업 중심지 육성

K-Culture 창작지대 조성
고양 K-Culture 밸리를 중심으로 파주, DMZ와 연계한 경기북부~강원에 걸친 초광역 창작지대 조성

한의학 산업 클러스터 조성
천연물 재배 가능 지역을 중심으로 각종 규제 특례 마련, 시범지구 조성 등 관련 산업 육성

인프라 연계 구축
GTX-A 노선과 연계한 생활권 확장으로 고양·파주 등 기업 입지 도시에 직주락형 일자리와 연계한 주택 공급

일자리 파급효과 15만~20만명
영상, 방송제작 등 문화 콘텐츠 인력
바이오·헬스케어 관련 연구 및 지원인력

한다. 이 문화적 에너지는 DMZ와 이어져 평화와 창작이 공존하는 관광·문화 벨트로 확장되며, 경기도와 강원도를 잇는 초광역 창작 생태계를 형성한다.

또 하나의 축은 바이오·의료산업이다. 고양을 중심으로 한 의료 인프라에 연천 등 인접 지역의 자연 자원을 결합해 천연물 기반 한의학과 바이오 기술이 융합된 신산업을 육성한다. 연구 성과는 실증과 특례 제도를 통해 산업으로 연결되고, 의료 서비스는 문화 콘텐츠와 결합해 치유와 체험이 어우러진 새로운 모델로 발전한다. 문화와 의료는 서로를 보완하며 서북권의 경쟁력을 확장하게 된다.

GTX-A와 광역 철도망은 서북권을 수도권 주요 거점과 긴밀히 연결한다. 역세권마다 조성되는 복합환승 체계는 창작 공간과 연구시설, 공연장과 의료기관을 하나의 생활 반경 안에 묶는다. 창작자와 의료 인력이 자유롭게 오가며 협업하는 구조 속에서 서북권은 이동이 곧 창작과 연구의 연장이 되는 공간으로 변화한다.

주거 또한 이러한 변화에 맞춰 새롭게 설계된다. 창작 공간과 생활 공간이 자연스럽게 결합된 레지던스형 주거가 늘고, 연구원과 의료진이 안정적으로 체류할 수 있는 주거 환경과 국제적 교류를 지원하는 커뮤니티 시설을 조성한다. 서북권의 주거는 프로젝트를 시작하고 협력이 축적되는 생활의 무대로 달라진다.

서남권: 피지컬 AI 기반 미래 제조 혁신허브

부천·안산·시흥·화성을 잇는 서남권은 전통 제조 기반 위에 AI와 로봇 기술을 더해 미래형 제조 혁신지대로 도약한다. 'AI 로보시티'를 중심으로 제조 공정 전반에 피지컬 AI가 적용되고, 설계부터 품질 관리까지 데이터가 실시간으로 연결된다. 중소기업과 스타트업은 자동화를 넘어 지능형 생산 체계로 전환하며, 산업 현장은 끊임없이 실험하고 개선하는 공간으로 진화한다.

이곳은 해양 자원을 활용한 기후테크산업의 거점이기도 하다. 시흥과 안산, 화성이 품은 바다와 갯벌은 블루카본Blue Carbon 실증의 장이 되고, 친환경 기술로 복원된 해양 공간은 산업과 여가가 공존하는 생활 공간으로 넓혀진다. 제조와 환경이 충돌하지 않고 동반성장하는 모델이 서남권에서 구현된다.

서해선과 신안산선, 수도권 전철은 산업단지와 대학, 주거지를 30분 생활권으로 연결한다. 산업단지 내부 교통 개선과 물류 체계의 고도화는 생산 효율을 높이고, 대학 캠퍼스와 산업 현장의 거리를 좁힌다. 이동이 원활해질수록 협업의 밀도는 높아지고, 산업 생태계는

서남권
AI 로보시티 클러스터 및 기후테크·레저 거점 조성

CO₂

서남권

GTX·A GTX·B GTX·C GTX·D
GTX·E GTX·F GTX·G GTX·H

AI 로보시티
스타트업·중소기업·R&D 연결하는 융합거점,
AI·로봇 클러스터 조성

해양자원 및 레저 거점
블루카본 등 해양자원을 기반으로 해양자원화,
기후테크 육성, 갯벌과 레저산업 결합

인프라 연계 구축
한양대 ERICA, 서울대 시흥캠퍼스 등 연계,
청년인구를 위한 기숙사, 청년주택 등 공급

일자리 파급효과 20만~25만명
AI 로봇 기반 전환 고용
해양 레저 서비스직

TOK첨단재료㈜ 평택공장 신축공사 착공식
2025. 8. 20 (수)
발주 / tok TOK첨단재료주식회사   감리 / MAP   설계 / ATEC+   시공 / FUJITA 후지타서울지점 더욱 단단해진다.

주거는 청년 인재가 머물며 성장할 수 있는 구조로 공급된다. 산업단지와 대학 인근에 직주근접형 청년주택과 기숙사형 공공주택이 조성되고, 공유 작업 공간과 커뮤니티 시설이 결합된 복합 주거가 자리 잡는다. 서남권은 퇴근 이후에도 배움과 교류가 이어지는 제조 혁신 캠퍼스의 위상을 갖게 된다.

남부권: 반도체 초격차 글로벌 첨단산업 심장부

수원·용인·성남·평택으로 이어지는 남부권은 대한민국 첨단산업의 핵심축이다. 반도체산업을 중심으로 설계·연구개발·생산이 기능적으로 연계되고, 판교의 설계 역량과 동탄의 연구개발, 용인과 평택의 생산 기반이 하나의 생태계처럼 작동한다. 각 도시의 전문성은 분업과 협력 속에서 결합되고, 남부권은 글로벌 기술 경쟁의 중심에 선다.

성남 산업단지에 조성되는 '피지컬 AI 랩'은 이러한 산업 구조를 더욱 고도화한다. 이곳에서 실증된 기술은 반도체 공정과 장비산업 전반으로 확산되고, 다른 권역의 제조 현장에도 적용된다. 남부권은 기술을 축적하는 공간을 넘어 경기도 전체에 혁신을 공급하는 거점

남부권
반도체·IT·AI 첨단산업 중심의 전략적 산업벨트 육성
남부권
GTX - A GTX - B GTX - C GTX - D
GTX - E GTX - F GTX - G GTX - H

기능 연계형 반도체 특구
판교(설계), 동탄(R&D), 용인(생산) 등 지역 특성
에 부합한 기능 연계형 반도체 특구 조성

피지컬 AI 기술 실증 거점
성남 산업단지내 '피지컬 AI 랩', 기술 실증·산업화
테스트 공간 구축을 통한 피지컬 AI 선도 지역 조성

인프라 연계 구축
2023세대 주거수요 집중, 오피스텔·오피스·상업
시설 등 자족기능용지의 적극적 활용을 통한 주택
공급 확대

일자리 파급효과 40만~50만명
반도체 관련 생산, 연구직
첨단산업·전문직

경기화수원 테크노밸리
현장간담회

으로 기능한다.

GTX와 광역 철도망, 주요 도로망은 연구소와 기업, 산업단지를 촘촘히 연결하게 된다. 이동시간의 단축은 곧 기술개발 속도의 단축으로 이어진다. 인재와 프로젝트가 빠르게 오가는 네트워크 속에서 산업의 경쟁력은 더욱 강화될 수 있다.

주거는 이러한 산업 생태계를 안정적으로 지탱하도록 설계된다. 역세권과 업무지구 인근에 조성되는 고기능 복합 주거는 오피스와 상업시설, 문화 공간이 함께 배치된 자족형 구조를 갖춘다. 글로벌 인재와 가족이 정착할 수 있는 교육·의료 인프라의 확충도 이루어진다. 연구와 생활, 비즈니스가 하나의 리듬으로 이어지는 도시. 남부권은 경기도의 산업 심장으로서 힘차게 박동한다.

균형과 지속을 완성하는
2대 상생축

동북권과 동남권은 경기도의 성장 구조를 이루는 또 다른 핵심축이다. 이들 지역은 산업과 인구가 집중되는 성장 권역을 보완하며, 안보·환경·농공·헬스케어 등 지속가능한 가치 중심의 발전을 담당한다. 단기간의 성과보다 삶의 안정성과 회복력을 중시하는 이들 권역은 경기도의 경제 전반이 장기적으로 흔들림 없이 작동하도록 떠받치는 기반 역할을 한다. 산업의 속도와 밀도를 조절하고, 지역 간 격차를 완화하는 것이 이 두 권역의 중요한 책무다.

동북권: K-방산·스마트 헬스케어 융합 거점

의정부·양주·포천을 품은 동북권은 오랫동안 국가 안보의 전면에서 있던 공간이었다. 철책과 훈련장의 기억이 깊게 새겨진 이 땅은 이제 또 다른 역할을 준비한다. 안보의 현장이 산업의 미래로 확장되고, 군사적 긴장 속에 머물던 시간이 기술과 혁신의 에너지로 전환된다.

민·군 협력을 바탕으로 한 K-방산산업 생태계는 단순한 기업 집적을 넘어선다. 연구개발과 시험·실증, 생산과 수출이 한 흐름 안에서 이어지며 중소·중견기업이 동반성장하는 협력 구조가 만들어진다. 국가 안보를 지탱해 온 역량은 산업 경쟁력으로 다시 태어나고, 동북권은 대한민국 방산 혁신의 전략 거점 지역으로 자리매김한다.

물론 이 지역의 변화는 산업에만 머물지 않는다. 맑은 공기와 산림, 하천이 어우러진 자연은 또 다른 가능성을 품고 있다. 체험과 숙박, 치유 프로그램이 결합된 스마트 헬스케어산업이 자리 잡으면서 동북권은 몸과 마음을 회복하는 공간으로 거듭난다. 군사시설 중심이던 공간 구조는 점차 산업과 생활, 휴식이 공존하는 구조로 재편되고, 긴장의 땅은 회복의 땅으로 재탄생한다.

GTX-C 노선이 연결되는 순간 동북권의 시간은 짧아지고 가능성은 넓어진다. 서울 도심까지의 거리가 좁혀지면서 의정부와 양주 덕정은 변방의 입지를 벗어난다. 7호선 연장과 광역버스 환승체계, 산업단지와 역세권을 잇는 순환형 교통망이 더해지면 사람과 산업, 의료와 돌봄이 하나의 생활권 안에서 유기적으로 연결된다. 이동의 불편이 줄어드는 만큼, 지역에 머물 이유는 늘어난다.

역세권과 산업단지 인근에는 새로운 형태의 도시가 모습을 드러낸

K-Defense 산업벨트 조성
민·군 협력형 산업생태계 구축을 통한 방위산업 거점 마련, 관련 기업의 수출 역량 강화 방안 모색

관광연계형 웰빙헬스케어 거점 육성
체험·숙박·힐링·스마트 헬스케어 서비스 기능연계·확장, 각종 규제 특례 마련, 시범지구 조성 등 관련 산업 육성

인프라 연계 구축
GTX-C 노선 기반 의정부역·덕정역 거점화, 지역 산업거점으로 셔틀버스 연계 검토 및 테크노밸리 등 자족용지 활용 극대화
실버타운 등 고령계층에 특화된 주택공급 방식 검토

일자리 파급효과 10만~15만명
민·군 협력 관련 인력
헬스케어 관련 관광 서비스업

다. 고령층 대상의 커뮤니티 케어 주택과 청년 방산 인력을 위한 직주근접형 공공임대가 한 공간 안에 배치되고, 공원과 문화시설, 의료·돌봄시설이 걸어서 닿는 거리에 놓인다. 세대가 나뉘지 않고 어울리는 구조 속에서 일과 돌봄, 휴식이 자연스럽게 이어진다. 동북권은 안보와 산업, 그리고 힐링이 조화를 이루는 도시로 조용히 완성되어 간다.

동남권: 지속가능 농공·창업 혁신 권역

하남에서 남양주, 이천과 양평으로 이어지는 동남권은 넓은 들판과 강줄기를 품은 공간이다. 이곳의 변화는 속도보다 방향을 먼저 생각한다. 자연을 훼손하지 않으면서도 산업을 일으키고, 지역의 자원을 미래 기술과 연결하는 길을 선택한다.

그린수소와 바이오 기술이 농공단지에 스며들고, 스마트팜은 계절과 기후의 한계를 넘어선다. 생산은 데이터로 관리되고, 가공과 유통은 하나의 체계로 묶인다. 농업과 제조, 환경 기술이 서로를 지지하는 구조 속에서 동남권은 탄소 배출 없는 제조 환경과 고부가가치 농식품산업을 동시에 키워 간다. 이곳의 산업은 빠르게 성장하기보다 오래 지속되기를 선택한다.

스마트 농공 복합 클러스터 조성
그린수소·바이오·스마트 제조 등 첨단·친환경
산업 중심의 스마트농공 클러스터 조성

청년창업 생태계 조성
스마트 농공단지와 청년창업을 연계한 공유
팩토리, 청년창업 베이스캠프 등 도입

인프라 연계 구축
GTX 및 중앙선 등 광역 교통망 연계를 통한
물류 기능 강화

일자리 파급효과 5만~10만명
스마트 제조 기반 신산업 일자리
농업종사자의 농공분야 전환

청년 창업의 무대 또한 이 지역에서 펼쳐진다. 농공단지와 창업 공간이 맞닿고, 실험과 제작, 판매가 하나의 생활 반경 안에서 이루어진다. 작은 공방과 공유 오피스, 지역 상점이 어우러지며 새로운 경제의 씨앗이 싹튼다. 단기 체류가 아닌, 머물며 뿌리내릴 수 있는 환경을 조성함으로써 동남권은 체류형 경제의 기반을 갖추어 간다.

GTX와 중앙선이 교차하는 지점마다 산업과 생활의 흐름은 더욱 촘촘해진다. 철도는 출퇴근 대중교통 수단을 포함해 농산물과 첨단 제품을 실어 나르는 물류축이 되고, 역세권 복합환승센터와 스마트 물류 거점은 그 흐름을 지탱한다. 산업단지와 연결된 도로망, 자율주행 기반 배송 체계는 생산과 소비의 거리를 실질적으로 줄인다. 동남권은 '생산하는 지역'을 넘어 '순환하는 지역'으로 변모한다.

이 변화의 중심에는 사람이 머무는 공간이 있다. 산업단지 인근에는 직주일체형 창업 주거단지가 들어서고, 저층부에는 공유 오피스와 제작 공간이, 상층부에는 청년과 근로자를 위한 주거가 자리한다. 자연과 맞닿은 지역에는 제로에너지 주택과 공동 텃밭, 커뮤니티 공간을 결합한 친환경 마을이 조성된다. 일과 삶, 공동체가 한 구조 안에서 설계된 이 공간은 청년과 가족이 오래 머물 수 있는 토대를 마련한다.

동남권의 성장은 빠른 팽창보다는 단단한 축적을 추구한다. 삶의 여유와 산업의 활기가 균형을 이루는 곳, 자연과 기술이 대립하지 않고 공존하는 곳으로 성장해 나간다.

아내와 광교호수공원을 걷고, 근처 카페에서

커피 한 잔의 여유를 즐기며 크루아상을 나눠 먹는다.

못골시장에 들러 칼국수 한 그릇을 비우며

이런저런 이야기를 나눈다.

시간이 허락하는 날에는 수암봉에 올라 도시를 바라보기도 하고,

포천수목원 숲길을 걷기도 한다.

특별할 것 없는 하루다.

요즘 나는 이런 날들 앞에서 자주 걸음을 늦춘다.

평범한 일상이 결코 당연하지 않다는 사실을

새삼 느끼기 때문이다.

정치는 늘 바깥을 향해 설명해야 한다.

비전과 계획, 숫자와 성과로 책임을 증명해야 한다.

그 언어는 공직의 책무이며, 피할 수 없는 일이다.

하지만 경기도 비전을 담은 이 책의 막바지에 다다른 지금,

한 가지 질문을 다시 붙든다.

나는 나다운 선택을 하고 있는가.

공직을 선택한 이유는 분명하다.

사회가 더 나은 방향으로 나아가도록 돕는 일.

그 초심은 변하지 않았다.

다만 성과로 평가받는 자리에 오래 서 있다 보니 어느 순간

'잘 해내는 사람'이 되는 일에 익숙해져 있었다는 것을,

솔직히 고백한다.

경기도정을 맡으며 나는 다시 기준을 세웠다.

정책이나 통계 숫자보다 먼저, 도민의 삶이 실제로

변화하는 순간을 보았기 때문이다.

교통의 불편이 조금 줄어들고,

청년이 재도전의 기회를 얻고,

소상공인이 잠시 숨을 고르는 장면들.

그 변화는 거창하지 않을 수 있다.

그러나 분명히 삶의 결에 닿아 있었다.

그때 깨달았다.

지키고 싶은 것은 평가가 아니라

사람들의 평범한 하루라는 사실을.

일상은 특별해서 소중한 것이 아니다.

지켜내지 않으면 쉽게 흔들릴 수 있기 때문에 소중하다.

내가 지키고 싶은 것은 자리나 이름이 아니다.

가족과 이웃이 자연스럽게 숨 쉬는 하루,

불안 때문에 자신의 삶을 포기하지 않아도 되는 조건이다.

그것이 내가 정치를 하는 이유다.

이 길은 민주당이 지켜온 가치와 닿아 있다.

사람의 삶을 중심에 두는 정치,

기회와 안전을 함께 지키는 책임의 정치.

나는 그 가치 위에서

김동연다운 정치를 하려 한다.

성과에 머무르지 않고 사람의 삶을 중심에 두는 정치,

원칙을 말이 아니라 결과로 증명하는 정치.

'나다움'은 완성된 이름이 아니라 과정이라고 믿는다.

선택과 책임의 순간마다 계속 확인해야 할 기준이다.

그래서 나는 늘 스스로에게 묻는다.

이 결정이 도민의 하루를 더 단단하게 만들고 있는가.

이 선택이 누군가의 가능성을 넓히는 방향인가.

나는 지금, 나답게 책임지고 있는가.

답은 언제나 쉽지 않다.

그러나 기준은 분명하다.

더 많은 사람들이 자기 삶을 선택할 수 있는 조건을 만들고,

그 선택에 끝까지 책임지는 것.

이 책은 나의 확신을 자랑하기 위한 기록이 아니다.

그 기준을 잊지 않겠다는 약속이다.

나는 오늘도 그 질문을 안고 길 위에 선다.

민주당의 가치와 함께,

김동연다운 정치의 길을 걸어가겠다.